세일즈맨 불황탈출 마스터키

KASH를 잡아야 CASH도 잡힌다!

마이티북스

2025년 6월 16일 초판 1쇄 발행

지은이 | 서운화·문수림
책임편집 | 윤수빈
디자인 | 이경민

발행인 | 이경민
발행처 | 마이티북스

© 마이티북스

출판사 연락처
전화 | 010-5148-9433
이메일 | novelstudylab@naver.com
홈페이지 | https://마이티북스.com

ISBN 979-11-989893-5-2

이 책은 저작권법에 따라 보호받는 저작물이므로
무단전재와 무단복제를 금지하며,
이 책 내용의 전부 또는 일부를 이용하려면,
반드시 저작권자들과 출판사의 서면 동의를 받아야 합니다.

정가는 책 뒤표지에 표기되어 있습니다.
파본이나 잘못된 책은 구매한 서점에서 교환해 드립니다.

세일즈맨
불황탈출 마스터키

KASH를 잡아야 CASH도 잡힌다!

마이티북스

| 목 차 |

여는 글_ '마이티피플' 시리즈를 시작하다 .008

프롤로그_ 세일즈에 품격을 장착하라 .012

PART 1. 평범한 실패

- 열정, 실패라는 이름으로 돌아오다 .019
- 진짜 위기와 마주하다 .024
- 삶의 파도는 연거푸 찾아온다 .028
- 스스로 도우며 결국 일어서다 .034
- 서단장 스토리 ① 파도를 일으키는 바람을 읽어라 .039

PART 2. 치밀한 도약

- 원칙이 길을 알려주다 .047
- 아이들도 세일즈를 한다 .052
- 바른 자세에 스며든 노력은 무기가 된다 .059
- K.A.S.H는 운명도 걸게 한다 .064
- 서단장 스토리 ② 추월차선을 원한다면 내 위치부터 파악하라 .073

PART 3. Knowledge: 그냥 지식이 아닌 전문적 지식

- 지식의 벽에 부딪히다 .079
- 진짜 전문가가 되려면 마니아가 되어라 .083
- 마니아인 남편은 왜 망했을까? .089
- 공부를 멈추는 순간 내 시장성도 멈춘다 .100
- 서단장 스토리 ③ 어설픈 지식으로는 버틸 수 없다 .103
- 서단장 스토리 ④ 관찰은 MBTI보다 더 정확하다 .111

PART 4. Attitude: 아주 기본적인 태도

- 품격은 겸손에서 출발한다 .121
- 한결같은 자세는 성과를 부른다 .129
- 기본 태도가 모든 기술을 살린다 .136
- 멘탈도 기본에 달려있다 .145
- 서단장 스토리 ⑤ 세일즈는 태도에서 완성된다 .155
- 서단장 스토리 ⑥ 당신만의 불꽃을 태워라 .159

PART 5. Skill: 누구나 할 수 있지만 아무나 할 수 없는 기술

- 프레임으로 상대방의 관점을 바꿔라 .165
- 영업직 소득이 불규칙하다는 건 착각이다 .172
- 서단장 스토리 ⑦ 똑같은 기술도 태도에 따라 가치가 달라진다 .181
- 서단장 스토리 ⑧ 상대를 위한 질문과 경청의 힘을 길러라 .194
- 서단장 스토리 ⑨ 진짜 거절과 가짜 거절을 확인하라 .198
- 서단장 스토리 ⑩ 모든 세일즈는 확률 싸움이다 .205

PART 6. Habit: 자기관리의 습관화와 열정의 형성

- 머리로 알기보다 몸으로 익혀라 .209
- 함께하는 환경이 사람을 만든다 .216
- 영업은 입체적 기록이 판가름한다 .221
- 중요한 일과 긴급한 일의 밸런스를 맞춰라 .229
- 롱런하려면 룰을 지켜라 .234
- 서단장 스토리 ⑪ 적당한 태도는 가능성을 갉아먹는다 .242
- 서단장 스토리 ⑫ 습관은 자신을 지키는 무기가 된다 .247

PART 7. K.A.S.H의 힘을 증명한 사람들

- K.A.S.H는 단체 이직도 가능하게 한다 .253
- 루틴만 지켜도 성과를 부른다 .260
- 흔들리지 않는 의지로 멀리 보라 .265
- K.A.S.H, 동네 고깃집에서도 빛을 발하다 .269
- 가망 고객 발굴도 전략 분석이 우선이다 .275
- 프로세스 7단계는 누구든 움직이게 한다 .279

에필로그_ 변화는 오로지 스스로 줄 수 있는 선물이다 .286
편집후기_ 당신이 마이티피플이 되길 바라며 .289

여는 글
'마이티피플' 시리즈를 시작하다

"대표님이 찾던 분 같은데, 한번 만나보시겠어요?"

새로운 기획을 구상하던 어느 날, 반가운 제안 하나가 문을 두드렸다. 소개한 이의 말에 따르면, 작가가 진정성 있게 소통하며 협업할 출판사를 찾는 중이라고 했다. 그렇게 서운화 작가와의 첫 만남이 이루어졌다.

이미 많은 원고를 준비해 온 상태였지만, 나는 조금 다른 그림이 떠올랐다. 이에 조심스레 "그대로 진행하기보다는 새로운 시도를 해보고 싶습니다. 인터뷰 형식이 어떠실까요?"라고 제안했다. 그랬더니 이내 "다시 써오면 될까요?"라는 답변이 돌아왔다. 다소 당황했을 법도 한데, 흔들림 없는 작가의 모습이었다. 아니, 오히려 나를 편하게 해주려는 마음이 엿보였다. 나를 신뢰해서가 아니었다. 그보다 주어진 여건 안에서 본인이 할 수 있는 최선을 다하려는 그녀의 기본자세였다.

그런 작가에게 호감을 느끼며 대화를 이어 나갔다. 그리고 "긍정적으로 받아주셔서 고맙습니다. 하지만 다시 쓰는 게 쉽지 않을 거예요."라며 약간의 염려를 내비쳤다. 그런데 이게 웬걸. 그녀는 시원해도 너무 시원했다. "괜찮아요. 어차피 제가 기획을 총괄하거나 마케팅을 맡는 건 아니잖아요. 제 자리가 있고, 그 자리에서 제 이야기를 진심으로 담아낼 수만 있으면 된다고 생각해요."라고 했으니까. 이 말은 전문가의 의도에 맡긴다는 얘기나 다름없었다. 당연히 더 말할 필요가 없었다. 덕분에 오랜만에 가슴이 두근거렸다. 가슴 한쪽에서 열정이 피어오르는 게 느껴졌다.

나는 잠시 숨을 고르며 마음을 다잡았다. 급하게 달릴 이유가 없었으니까. 그래서 인터뷰 형태로 기획한 이유부터 설명했다. "이 프로젝트 명칭은 '마이티피플'입니다. 시리즈로 이어질 거고, 작가님이 그 첫 단추를 꿰어주시는 거죠. 제가 생각하는 마이티피플은 이미 대성공을 거둬 누구나 이름을 아는 분들이 아닙니다.

지금 이 순간에도 본인의 자리에서 묵묵히 달리고 있는 사람들, 그러나 아직은 배가 고파서 더 치열하게 오늘을 사는 분들, 작지만 분명한 성취를 거두고도 다음 걸음을 준비하는 사람들이에요. 이런 분들을 차례로 소개하려 합니다. 그 안에서 인터뷰는 하나의 장치가 될 거고요. 이 방식은 저자 한 분 한 분의 결을 살리고, 동시에 이 시리즈 전체를 관통하는 공통의 호흡이 만들어지리라 믿어요."

잠시 대화가 멈추었다. 그 짧은 정적이 어색해질 즈음, 작가가 입을 열었다. "저, 너무 좋고 설레요. 제가 첫 단추가 된다는 것도 기쁘고요. 그런데 정말 괜찮을까요? 요즘은 출판사들이 유명한 분들과 작업하길 선호한다고 들었거든요. 저는 그저 제게 주어진 일을 성실히 이어온 사람일 뿐이라⋯⋯." 나는 웃으며 고개를 저었다. "전 결과보다는 과정이 더 중요해요. 이미 유명한 이들의 스토리는 어디서든 들을 수 있잖아요. 그런데 작가님이 걸어온 길은 책이 아니면 만날 수 없잖아요. 그래서 더 재미있고, 더 의미있다고 느낍니다."

'과정보다 결과'라는 말에 작가의 눈빛이 반짝이는 게 전해졌다. "와! 방금 대표님이 한 말씀이 제가 이번 책에서 전하고 싶은 메시지와 꼭 닿아 있어요. 결과가 아니라 그 안을 채워온 과정에 대해 전하고 싶었거든요."

    이날 이후로 우리는 매주 만나 대화를 나누었다. 그리고 다듬은 내용을 여러 차례 주고받았다. 그 시간을 통해 나는 확신했다. 서운화 작가야말로 누가 봐도 마이티피플임을. 이에 대한 믿음은 이야기가 차곡차곡 쌓일수록 더 선명해졌다. 이런 이유로 마이티피플의 첫 주인공이 그녀라는 사실이 참 다행이다 싶다. 더불어 앞으로 또 어떤 반짝이는 인물을 만나게 될지 기대되어 입가에 미소가 절로 지어진다.

프롤로그
세일즈에 품격을 장착하라

"지점장님! 팬이에요. 늘 배우고 싶고, 동기 부여가 됩니다."
"꼭 한번 만나고 싶었는데, 오늘에서야 뵙네요."

불과 몇 년 사이, 나를 지지하는 사람이 많아졌다. 이런 말을 들을 때마다 쑥스럽기도 하지만, 9명으로 시작한 작디작은 지점이 어느새 단순 지점 단위 규모를 넘어 100명가량의 거대 사업단이 되다 보니, 어찌 보면 당연한 반응인 듯도 하다. 물론, 대부분의 보험 회사 재적수는 허수가 많다. 그런데 사람들이 나에게 엄지를 치켜세우는 이유는 단순히 인원수를 늘리는 데 그치지 않고, 직원을 신중히 선발해서다. 그렇게 심혈을 기울여 뽑은 파트너들이기에 개개인의 성과도 좋을 수밖에 없다. 그렇다 보니 여기저기서 나에게 '세일즈 잘하는 법'을 알려달라는 부탁을 많이 해온다.

사실, 조금만 주변을 돌아보면 세일즈를 가르쳐 주는 곳은 많다. 그러나 전문적으로 알려주는 곳은 없다. 이 아이러니한 현실은 무슨 뜻일까? 실무 경험이 없는 이들이 이론만 그럴싸하게 포장해 온오프라인으로 강의를 개설하여 그것으로 수익을 내는 경우가 많아짐에 따라 발생한 사태다. 그리고 이런 수업의 결론은 하나같이 똑같다. 실행이 답이라고. 한마디로 모든 책임을 수강생에게 떠안긴다. 결국 자극만 받고 마는 건 수강생이고, 성장하는 쪽은 강사다. 그런데도 여전히 많은 세일즈맨이 값비싼 수강료를 요구하는 곳에 기웃거리고, 혹여나 새로운 특강 소식을 놓칠까 봐 걱정하며 여러 오픈채팅방에 머물러 있다.

이에 나는 세일즈로 한숨짓는 이들을 웃게 해주고 싶었다. 누구나 인정하는 전문성을 갖추어 찾아가는 세일즈가 아닌 고객이 찾아오는 세일즈를 할 수 있도록 말이다. 더 나아가 품격 있는 세일즈를 할 수 있도록 돕고자 했다. 실제로 우리 지점을 운영하는 방식이기도 하다. 이런 나의 이야기에 "세일즈맨이 돈만 많이 벌면 되지 다른 게 뭐가 필요해."라며 반기를 드는 사람도 있을 것이다. 그렇지만 그들 중에 롱런하는 경우는 보지 못했다. 적어도 지금까지는.

한편, 현재 나의 모습만 보고 "단장님이니까 가능한 거 아닐까요?"라고 하기도 한다. 이전 회사에서 전국에서 인정하는 사원, 퇴사한다고 했을 때 여러 업체에서 스카우트 제의가 올 만큼 매사에 최선을 다했기에 일정 부분 동의하기도 한다. 그러나 지금부터 내가 알려줄 '품격 있는 세일즈'는 누구나 본인의 무기로 장착할 수 있다. 나 역시 영세한 기업부터 중소기업, 대기업에 이르기까지 약 10년 동안 숱한 시행착오를 겪으면서 현장에서 터득한 노하우라 장담한다. 특히 어린 시절 큰돈을 잃고, 돈의 흐름을 배울 수 있는 곳을 직접 찾아 문을 두드려 혹독하게 배운 과정의 결실들이니 믿어도 좋다. 적어도 이 책값 이상은 충분히 얻어갈 수 있을 것이다.

결론부터 말하면, 모든 분야가 그렇겠지만 잘되는 비밀은 기본에 있다. 그것을 잘 지켰기에 내가 독립을 선언했을 때 함께 시작한 동료 대다수가 여전히 같은 길을 보고 걸어가는 중이고, 롤모델 지점에 손꼽히고 있다고 믿는다. 그래서 이 책에서는 자극적인 단어를 사용하여 마케팅에 집중하기보다는 이제 막 세일즈를 시작했거나, 세일즈로 더 나은 성과를 내고 싶거나, 세일즈에 관심 있는 사람이 품격 있는 세일즈를 할 수 있도록 안내하는 데 초점을 맞추려 한다.

그 바탕에는 'K.A.S.H.' 즉, 오랫동안 전해오는 세일즈 프로세스가 있다. 이를 현장에서 어떻게 실행으로 옮겨야 하는지 구체적으로 알려주고자 한다. 그러니 안 된다고 포기하기 전에 성공을 향한 목표가 있다면, 나의 진심 어린 조언에 귀 기울여줬으면 한다. 이 책을 선택했다는 건 그런 갈망이 있다는 것일 테니까. 그리하여 부디 당신이 품격 있는 세일즈로 자리 잡아 존경 받는 선배가 되길 간절히 바란다.

PART 1. 평범한 실패

열정, 실패라는 이름으로 돌아오다

찬바람이 여전히 옷깃을 여미게 하는 2월 어느 날, 우리는 고요한 카페에서 녹음기를 사이에 두고 마주 앉았다. 두 사람 모두 사람을 상대하는 데 거부감이 없는 이들이라 대화는 자연스럽게 흘렀다.

수림: 본격적으로 시작해 볼까요? 그럼, 가볍게 일을 처음 시작했던 때로 거슬러 가보죠.

운화: 대학 졸업하자마자 바로 취업했어요. 그때 제 나이가 24살이었네요.

수림: 전공을 살린 취업이었나요?

운화: 아뇨, 전 식품영양학과를 전공했어요. 그래서 제 동

기 대부분은 영양사로 진로를 정했죠. 그런데 전 좀 유별났어요. 더 활동적인 곳으로 가고 싶었으니까요. 하지만 대기업에서는 관련 직종 TO가 잘 나오지 않았죠. 어쩔 수 없이 영세 기업에 입사해, 전공과 가장 가까운 식품 영업 파트를 담당했어요.

수림: 아, 그렇게 인생 첫 영업을 시작하게 된 거군요?

운화: 맞아요. 그러고 보면 정말 직업에도 인연이 있는 듯해요. 말했듯이 대기업은 자리가 쉽게 나질 않고, 그렇다고 마냥 구인공고가 올라오기만을 기다리며 허송세월 보내는 건 더 싫어서 제가 직접 선택한 회사였으니까요.

수림: 그렇다 하더라도 원하던 직종이 아니라 불만이 있었을 듯한데요.

운화: 일을 하고 싶어서 들어간 회사라 특별한 불만은 없었어요. 일을 배우는 것도 재미있었고요. 다만 너무 영세한 곳이라 시스템이 열악했던 게 문제였죠.

수림: 그 부분을 구체적으로 알려주실 수 있을까요?

운화: 첫 직장은 단체 급식을 전문으로 하는 회사였어요. 거기서 전 식품 영업을 담당했는데, 식자재 주문부터 배송 전 과정을 점검했죠. 그런데 회사 안팎으로 일어나는 모든 공정을 한번씩 다 거치지 않았나 해요. 그만큼 업무 강도가 높았다고 볼 수 있죠.

수림: 말만 들어도 힘든 일과가 느껴지네요.

운화: 회사가 워낙 작았으니까요. 그래서인지 딱 1년 만에 문을 닫더라고요. 지금 생각하니 좀 웃기긴 하네요. 저는 참 잘했는데 말이죠.

수림: **작가님의 의지와는 다른 결론을 맞이한 거군요.**

    나는 급히 '적극적인 자세', '일을 대하는 태도', '그럼에도 풀리지 않는 운', 이 3개의 키워드를 메모했다. 그리고 그 실패가 어디까지 이어졌을지 호기심이 생겼다. 그러나 뒤에 이어지는 그녀의 이야기는 내 예상을 완전히 뒤엎었다. 현실은 드라마틱하지 않다고 생각했는데, 전혀 다른 전개였으니까.

운화: 그래도 다행히 이내 이직을 할 수 있었어요. 업계가

워낙 좁아서 대구·경북권에서는 이미 제가 일을 잘한다고 알려져 있었거든요. 덕분에 이름만 대면 누구나 알 수 있는 기업에 들어가게 되었어요.

수림: 금방 일이 잘 풀린 거네요.

운화: 네, 그런데 일이 너무 많았어요. 그 당시에 영업관리직을 맡았는데, 대구·경북 전체를 제가 담당했거든요. 그러다 보니 유산도 하게 됐죠. 그렇게까지 하려던 건 아닌데 주어진 일을 잘 해내고 싶은 마음이 컸어요. 그래야 보람도 있고, 승진의 기회도 생기니까요. 그게 회사 생활의 맛 아니겠어요?

수림: 네, 동의합니다.

운화: 그런데 유산하고 나니 회복이 잘되지 않아서 퇴사를 했어요. 몸을 추스르는 중에 아이가 다시 찾아왔고요. 하지만 쌍둥이라서 바로 일을 시작할 엄두가 나지 않더라고요. 그래서 자연스레 공백 기간이 길어졌죠.

수림: 경력이 단절된 거네요?

운화: 네. 출산하고 바로 돌아가고 싶었는데, 쉽지 않더라고요.

그렇다. 이렇게 우리 인생은 쉽지 않다. 아무리 열정적으로 도전하고 전력을 다해도, 세상은 불현듯 배반한다. '실패'라는 이름으로. 억울해도 흔히 일어나는 일상이다. 쉽게 피하지도 못한다. 그래서 무엇보다 마주한 실패를 어떻게 받아들이느냐가 중요하다. 이게 우리에게 주어진 과제다.

진짜 위기와 마주하다

날이 흐린 탓에 자칫 분위기가 다운될 수 있었으나, 우리의 대화는 충분히 뜨거웠다. 흥미진진한 이야기에 두 볼도 발그레하게 상기된 느낌이었다. 게다가 두 번째로 입사한 대기업 이름을 밝히지 말라는 작가의 요청까지 있었던 터라 내 관심은 온통 다음 스토리로 향했다. 그 말은 즉, 분명 아름답지 못한 에피소드가 나올 차례라는 소리였으니까.

운화: 잘 다녔어요. 대기업이 괜히 대기업은 아니잖아요. 복지도 좋았고, 이전 회사처럼 주먹구구식도 아니었죠. 덕분에 일이 즐거웠어요. 전문가가 된 기분이었으니까.

수림: 그런데 문제가 생긴 거군요?

운화: 맞아요. 기대가 깨졌거든요. 앞서도 말했지만 회사

생활의 재미는 노력하는 만큼 성취감을 맛보는 데서 느낄 수 있는 거잖아요.

수림: 당연하죠.

운화: 그런데 그 당연한 게 지켜지지 않는 거예요. 누가 봐도 저보다 일처리가 깔끔하지 않고, 업무 실적도 떨어지는 사람이 저보다 먼저 승진을 했으니까요.

수림: 이유가 뭔가요?

운화: 그때만 해도 **여성이 일한다는 데에 대한 회의적인 시선이 있었어요.** 게다가 전 **결혼**도 했고, 아이도 있으니 언제든지 회사를 그만둘 거라고 생각했나 봐요.

수림: 그런 이유로 승진이 보류되었다는 이야기를 직접 들으신 건가요?

난 긴장하며 다음 질문을 던졌다. 여성의 권리만큼 예민한 주제도 없으니까. 이러한 이유로 만일 작가의 심증뿐이었다면 책에 실을 수도 없는 노릇이었다.

운화: 정확하게는 이렇게 말했어요. **"몰라서 그래? 과장을 뽑는 거잖아."** 이 말은 곧 제게 허락된 직책은 대리까지라는 거였어요. 제가 거기서 더 발버둥 친다고 한들 달라질 게 없다는 뜻이었죠.

수림: 확실히 일정 이상의 책임을 지는 자리에는 당신을 앉힐 수 없다라고 해석되네요. 실적이 아무리 우수해도 말이죠.

운화: 네, 그렇게 저보다 어린 남자 직원이 먼저 승진하는 모습을 지켜봐야만 했어요. 충격이었죠. 그렇다고 누군가가 인정을 해줄 때까지 마냥 기다릴 수만은 없었어요. 더군다나 저는 가장 낮은 곳에서부터 일을 시작했음에도 제가 일하는 모습을 보고 스카우트 제의를 받았잖아요? 그만큼 실력이 나쁘지 않다는 건 누가 봐도 사실이었는데, 눈앞에 마주한 현실은 그 모든 걸 부정당하는 것 같았어요. **남녀차별을 몸소 체험한 순간이었죠.**

나는 어떤 말도 함부로 할 수 없었다. 나는 그 문제에 연관되지 않은 완벽한 타인인 데다가 그녀의 속사정과 감성을 헤아리기에는 분명 한계가 있는 남자였으니까. 게다가 이미 지난 일에 괜한 연민을 보일 필요는 없었다.

운화: 다 지난 일이라서 이제는 웃으면서 말할 수 있지만, 그 당시에는 정말 속상했어요. 그래서 당장 퇴사했죠. 저를 몰라주는 곳에 충성할 필요는 없으니까요.

수림: 네, 그렇죠.

운화: 그런데 다시 또 뭔가를 시작해야 하잖아요. 하지만 쉬운 게 없더라고요. 진짜 제대로 위기를 맞이한 거죠. 호호. 그래서 전혀 다른 직종에 발을 들였어요.

수림: 어떤 분야였나요?

운화: 부동산이요. 잠시 쉬면서 배워보자는 생각으로 임했는데, 지금 돌이켜보면 너무 안일했던 거죠.

절로 입가에 옅은 미소가 피어올랐다. 앞서 언급했던 소설보다도 더 드라마틱한 현실을 드디어 마주한 덕분이다.

삶의 파도는 연거푸 찾아온다

이미 커피는 식었지만, 내 심장은 뒷이야기에 대한 기대감으로 서서히 뜨거워졌다. 그래서 나도 모르게 내 눈빛은 그녀를 재촉했을지도 모른다.

수림: 부동산이라면, 직접 땅을 사고팔았다는 말인가요?

운화: 음, 어디서부터 설명을 해야 할까요. 사실 시작은 지인을 도와주면서부터였어요. 제가 쉬고 있다는 걸 알고서는 연락이 왔죠. 영업관리직을 해봤으니 기본적으로 영업이 되지 않겠냐고 하면서요. 그렇게 영업 사원이 되었어요. 너무 쉽게 생각했죠.

수림: 어떤 부분에서 쉽게 생각했다는 건가요?

운화: 거기 위치를 알려드리면 대표님도 바로 알만한 곳이었어요. 대구 중심가 중에서도 가장 한복판이었으니까요. 그곳 시행사 분양팀이었는데, 예상했던 이상으로 업무가 많이 달랐어요. 어쨌거나 저는 기업에서 일을 해왔고, 정해진 시스템과 스크립트가 있었죠. 문제가 생기더라도 대비책이 마련되어 있었다는 얘기죠. 하지만 지금 언급하는 곳은 달랐어요. 건물을 올리고, 분양을 하기 위해 급하게 만들어진 팀이라서 직접 부딪히면서 해결해야 하는 수준이었죠. 전 그것도 모르고 지인의 말만 듣고 덜컥 합류했고요.

수림: 그래서 쉽게 생각했다는 표현을 사용한 거군요?

나는 습관적으로 커피를 홀짝였다. 스토리의 긴장감이 내가 원하는 지점까지 닿지 않았기 때문이다.

운화: 다른 관점에서도 그랬어요. 전혀 다른 분야에 뛰어들면서 무책임하게 접근했으니까요. **무엇보다 재태크와 관련해 안일했음을 깨닫는 계기가 되었죠.**

수림: 재테크요?

드디어 공이 골대를 향해 굴러가는 소리가 들렸다.

운화: 네, 직장을 그만둔 이유 중 하나이기도 했어요. 일반 월급쟁이로는 한계가 있음을 느꼈거든요. 심지어 졸업과 동시에 취업을 했고, 쉬지 않고 일을 했음에도 모인 돈은 얼마 되지 않았죠. 이대로라면 현상 유지는 할 수 있을지 몰라도 형편이 더 나아지길 기대하는 건 어렵겠다 싶었어요. 그래서 금전적으로 여유 있는 사람들을 살펴보니 열심히 재테크를 하더라고요.

수림: 그럼, 재테크 수단을 알아보다가 마침 제안도 받았겠다, 본인도 부동산에 투자를 했다는 걸까요?

난 작가를 향해 정확히 공을 보냈다. 이대로 골문을 향해 밀어 넣기만 해도 득점이라는 확신으로.

운화: 정확해요. 한동안 돈을 불리고 싶다는 생각에 사로잡혀 있었고, 눈앞에는 좋은 매물도 있으니 도전하지 않을 이유가 없었죠. 그래서 지인들을 모았어요. 5억이 필요했는데, 그간 모아둔 돈을 긁어모아도 어림도 없었으니까요. 쉽게 말해 요즘 쇼핑몰에서 공동 구매하듯 땅을 매입한 거죠.

수림: 와! 당장 듣기만 해도 좀 위험한데요? 잘되면 좋지만, 계획이 흐트러지면…….

운화: 네, 다 같이 무너지는 거죠. 그런데 전 그걸 몰랐어요. 매입해서 보유만 해둬도 수익이 생기리라 믿었죠. 위치도 좋았던 데다가, 일하면서 알게 된 고급 정보였으니까요. 좋게 말하면 순진했고, 나쁘게 말하면 너무 바보 같았죠.

수림: 이해합니다. 예전부터 대한민국은 부동산 불패라는 말이 있을 정도니까요. 의심할 여지가 없었을 거 같아요. 그런데 부동산의 단점이 필요할 때 바로바로 팔리지 않잖아요.

운화: 전 그걸 몰랐어요. 가지고 있으면 오른다고만 생각했지, 언제 얼마나 오를지를 고려하지 않았어요. 요즘 표현대로 절반 이상을 대출해 '영끌'했음에도 그런 기본적인 부분도 살피지 않았죠. 정말 겁이 없었던 거예요.

수림: 그래도 그 자리라면 오르긴 올랐을 텐데요?

운화: 오르긴 올랐죠. 하지만 빚잔치로 끝났어요. 하락 시

기를 견디지를 못했거든요. 대표님도 '리먼 브라더스 사태' 잘 아시죠?

나는 일부러 펜을 놓았다. 분명 내가 원한 깔끔한 득점의 순간이었지만, 얼싸안고 세리머니를 할 수는 없는 노릇이었으니까. 웃으며 털어놓고는 있지만, 그건 그녀에게 명확한 실패의 경험이었다. 그것도 회복을 위해 지독히 긴 시간을 견뎌내야 했을. 조심스러운 모습을 보이는 게 예의였다.

수림: 알고말고요. 모두가 힘든 시기였죠. 폭삭 주저앉아버렸을 때니까.

운화: 말 그대로 모든 게 제자리에 멈춰버렸어요. 제 돈이 묶인 것도 묶인 거지만, 회사에서 추진하던 분양 사업도 제대로 진행되지 않았어요. 그로 인해 제 하루는 제가 저지르지도 않은 잘못에 대해 사죄하는 일로 가득 채워졌죠. 이유야 어떻든 제 말을 듣고 계약서에 날인한 사람들이었으니까요.

나는 다시 커피잔을 들었다. 그리고 내 머릿속엔 이런 장면들이 스쳤다. 10여 년 세월이 고스란히 녹아들었을 예금통장. 그로도 부족해 기댈 수밖에 없었던 대출. 그렇게 희망을 안고 결단해 투자했는데, 세상이 망해버렸다. 그런 와중에도 이내 극복하는 사람도 있지만, 그녀의 표정을 보니 그런 건 아니었나 보다. 그렇다면 회복하기까지 시간이 얼마나 걸렸을까? 또 어떤 마음으로 버텨냈을까? 나는 조심스레 입을 열었다.

수림: 조금 전 빚잔치라고 하셨는데, 투자한 곳이 얼마 만에 팔린 걸까요? 그 과정에 대해 들려주실 수 있을까요?

스스로 도우며 결국 일어서다

돌아온 대답이 극적이지는 않았다. 마음을 모아 맞벌이를 했고, 두 사람의 월 소득 절반 이상이 대출금 상환으로 사라졌지만, 아이들에게 들어가는 지출 외에는 모든 걸 다 줄일 만큼 작가의 부부가 단단했기에, 어찌 보면 당연한 결말이었다. 이는 착실하게 하루하루를 쌓아 올리는 사람들의 지극히 정상적인 모습이다.

수림: 솔직히 더 극적이길 원했어요. 사람들을 붙잡고 당시에 겪었던 일을 말하고 싶을 정도로요. 그런데 이렇게 덤덤하게 말씀하시니 좀 아쉬운 맛이 있네요.

운화: 그래도 그게 사실인걸요. 하루하루 열심히 살아야 했으니 다른 걸 생각할 겨를이 없었어요. 감정적으로 풀 문제도 아니었고요. 설령 그렇게 한다 한들 은행이 대출을 탕감

해 주거나 이자를 덜 받겠다고 하진 않을 거잖아요. 또 저뿐만 아니라 다들 힘들었고요.

수림: 확실히 좀 단단한 분이시네요. 꾸미지 않아서 매력적이기도 하고요. 보통 그런 일을 겪고 형편이 나아져 타인들 앞에서 말하고 싶어 하는 사람들 특히, 책으로 남기고 싶어 하는 이들은 과장하려고 하거든요. 괜히 독자들의 감성을 자극하려는 거죠.

운화: 다들 반전 드라마를 좋아하니까요. 사실 그런 면에서 제 재주가 부족하긴 해요. **괜히 지난 일을 꾸며서 말하고 싶진 않거든요. 그게 앞으로 나아가는 데 도움이 되지도 않으니까요.**

그녀의 대답은 독자들이 충분히 공감하고도 남을 듯했다. 대체로 극적인 역전에 열광하는 건 맞지만, 담백한 묵직한 멋이 꽤 힘 있게 다가왔으니까.

수림: 그럼, 그 시간 동안 육아는 힘들지 않았나요? 아무래도 큰일을 겪은 후에는 일에 더 몰입하게 되니까요. 가령, 연봉을 더 올려 받으려고 애를 쓴다거나, 수입을 늘리기 위

해 부업도 하고요. 더욱이 맞벌이 부부라면 자연스레 아이들에게 소홀해질 수밖에 없잖아요.

운화: 다행히 친정엄마가 많이 도와줬어요. 그렇다고 거기에 의존만 하지는 않았어요. 평일 퇴근은 다소 늦었지만, 주말에는 온전히 아이들과 보내는 양보다 질에 집중한 육아를 했거든요.

수림: 그럼, 순조롭게 그 시간을 지나온 건가요?

운화: 꼭 그렇지는 않아요. 사채에도 손을 벌리기도 했으니까요. 돈이 필요해지니 별수 없더라고요.

수림: 그런 상황이었다면 주변 사람들에게도 돈을 빌렸을 법한데요?

운화: 그렇죠. 그때 도움을 줬던 분과는 지금도 연락을 하고 지내요. 가끔 통화만으로도 울컥할 만큼 고마운 사람이에요.

수림: 어떤 분인가요?

운화: 신랑의 친구였어요. 지금으로부터 20여 년 전에 2,000만 원이었으니 큰돈이었죠. 그래도 전체 빚이 워낙 컸던 탓에 여전히 여유는 없었어요. 그래서 의도적으로, 기계적으로 생활했죠.

나 역시 빚 갚는 데 모든 일상을 소비하던 때가 있었던지라 그 시간이 얼마나 느리게 흘렀을지 예상할 수 있었다. 벌어도 남는 것 없이 모두 흩어지고, 아무리 생활비를 줄여도 줄어들지 않는 듯한 채무액만 맴돌 뿐이다. 그런 와중에 실질적인 도움을 받은 이에게 어떤 마음이 생겼을지는 따로 물어볼 필요가 없다.

운화: 더 길게 말할 것도 없어요. 지나온 일이잖아요. 그리고 도움을 준 분에게는 돈을 최대한 빨리 갚았어요. 그게 마땅한 도리니까요. 덕분에 지금까지 소통하며 지낼 수 있는 듯해요. 웃으면서 함께 시간을 보낼 수 있음에 얼마나 다행인지 모릅니다.

나는 괜스레 기지개를 펴는 시늉을 했다. 빠른 진행을 위한 환기가 필요하다고 느꼈으니까. 지금까지 이어온 스토리와 관련해 덧붙일 내용이 없다면, 굳이 감성적으로 늘어질 이유도 없었고 말이다.

수림: 방금 했던 이야기를 슈퍼우먼처럼 꾸밀 수도 있겠지만, 우리 그러지는 말죠.

운화: 당연하죠. 그리고 슈퍼우먼은 딸을 다 키우고도 마음이 불편해서 손자들까지 돌봐주신 제 친정엄마죠.

수림: 그러니까요. 그분의 공로를 가로채서는 안 됩니다.

운화: 세심하게 챙겨주셔서 고맙습니다. 그럼, 과거 이야기는 이쯤에서 마무리할까요? 그 직후에 지금의 일을 시작했으니까요.

수림: 아, 부동산으로 큰 실패를 맛보고 바로 방향 전환을 했다는 말이 되겠네요.

운화: 맞아요. 제 인생의 가장 큰 터닝 포인트라고 할 정도로 후회 없는 선택이었죠. 보험 영업으로 빚을 다 갚았으니까요.

수림: 놀랍네요. 그럼, 이제부터 현재 단장이 되기까지 고군분투했던 과정을 들을 수 있겠네요. 그 인터뷰는 다음 미팅 때 진행하시죠.

서단장 스토리 ①

파도를 일으키는 바람을 읽어라

앞서 인터뷰에서 언급한 내용이 반복되어 다소 지루하게 느껴질 수도 있겠지만, 지금까지 나눈 이야기를 조금 정리해 보고자 한다. 동시에 당신과 공유하고픈 내 생각도 덧붙여 본다. 참고로 각 PART마다 이런 지면을 할애해 두었다.

밝혔듯이 나는 영업 관리직으로 사회에 첫발을 내디뎠다. 전공을 살려 가장 안정적일 수 있는 직장에 취업을 할 수도 있었지만, 그러지 않았다. 어쩌면 나는 그때부터 성공에 대한 갈망이 꽤 컸던 듯하다. 그렇게 나는 줄곧 영세 기업에서부터 중소기업, 대기업에 이르기까지 10여 년간 세일즈를 몸에 익혔다.

물론, 그 과정이 호락호락하지는 않았다. 여느 직장인들처럼 급여를 따박따박 받고는 있었지만, 그 금액은 나를 충족시켜 주지 못했다.

더 정확하게는 재정적으로 한 단계 더 업그레이드를 하기에는 부족하다고 느꼈다.

이에 나는 재테크를 했다. 지금의 N잡러들처럼 재능을 살려 부수입도 만들고, 주식, 부동산 투자 등을 이어 나갔다. 그로 인해 24시간이 부족했지만, 5개의 통장을 관리하게 되면서 쓰는 것보다 모으는 재미가 더 크다는 걸 알게 되었다. 물론, 주변에서는 별나다고 비아냥거리기 일쑤였지만, 그들이 내 삶을 대신 살아주지는 않으니 개의치 않았다. 이런 나는 전국에서도 알아주는 사원이었고, 퇴사할 무렵에는 여러 업체에서 러브콜을 보내오기도 했다.

그러던 어느 날, 나에게 위기가 찾아왔다. 잘못된 정보로 투자하여 큰돈을 잃게 되는 상황이 된 것이다. 심지어 이때는 쌍둥이를 임신하면서 퇴사해 잠시 휴식기를 가지던 시기였다. 천성이 아무것도 하지 않고는 못 배기는 성격이라 친구가 운영하는 부동산 개발 사업을 보조하고 있을 때였는데, 가깝게 지내던 대학 친구의 가족이 소유한 땅에 아파트가 들어선다는 정보를 들었다. 나는 그게 내게 찾아온 기회인 줄 알고, 그 주변 땅을 친구를 통해 소개를 받았다. 그렇게 아무 경험이 없던 나는 친구의 말만 믿고, 나처럼 부동산 투자에 관심이 있는 사람 몇몇과 5억이 넘는 땅을 매입했다. 심지어 50% 이상이 대출이었다. 그렇게 할 수 있었던 이유는 해당 땅이 정비된 도로를 옆에 두게 되는 그야말로 금싸라기 땅이었기 때문이다.

나는 직장인으로서 레벨 업을 하는 방법은 승진 외에는 없다고 봤고, 나는 그게 일반 노예에서 상급 노예가 되는 것만 같았다. 그런 나였기에 더 깊게 알아보지 않고, 쉽게 결정을 해버린 듯도 하다. 여기에 대한 책임은 혹독하게 돌아왔다. 다름 아니라, 그렇게 장담했던 아파트 건설이 글로벌 금융 위기 사태로 인해 허가를 받지 못하면서 모든 게 물거품이 된 것이다. 이에 따라 시간이 지나 출산을 하고, 대기업에 입사했음에도 현실은 팍팍하기만 했다. 월급 절반 이상을 대출 이자를 갚는 데 지출해야 해야 하는 건 기본이고, 나와 함께했던 동업자 5명은 매번 전화해서 한숨지으며 따졌다. 심지어 이때의 트라우마로 나는 아무리 좋은 것이라도 함께하는 것을 꺼린다.

그로부터 제대로 공부하면서 알게 된 사실이 하나 있다. **하나의 시장은 결코 그 하나의 분야만으로 완성되지 않는다**는 점이다. 예를 들어, 부동산 경기는 정치적 이슈, 주식의 흐름, 인구 감소 등과 유기적으로 연결되어 있다는 뜻이다. 더불어 다른 나라의 영향을 받기도 한다. 멀고 먼 미국에서 한 기침이 한국에 흑사병과 같은 질병을 안겨주었으니까.

나의 표현이 다소 과장으로 들릴 수도 있겠지만, 절대 아니다. 당시

글로벌 금융 위기 사태로 많은 사람이 파산을 하거나 파산까지는 아니더라도 가정 경제가 휘청거린 걸 안다면 부정할 수 없을 테다. 당장 나부터도 명확한 매매 차익으로 이익을 계산하면서 구매했던 아파트를 1,000만 원의 계약금을 고스란히 날리면서 매도를 해야 했다. 모두 경기가 무너짐에 따라 매매가 차일피일 미뤄진 데서 받은 손해였다.

그 뒤로도 나는 경제적인 자유를 갈망하며 여러 시도를 했다. 그 와중에 상가에 투자한 원금을 찾기 위해 10여 년 동안 지겨운 싸움도 해야 했고, 주식 공부를 하면서 투자의 원칙을 이해하게 되는 희열을 얻기도 했다. 그 과정을 통해 나는 더는 **피 터지는 개미가 되지 않으려면 돈의 흐름을 알 수 있는 공간으로 가야 함**을 절실히 깨달았다. 그렇게 선택한 곳이 현재 내가 소속되어 있는 외국계 금융 기업 '메트라이프'다.

수많은 지점 중에서도 나는 '세일즈 사관학교'라고 정평이 나 있는 곳에 문을 두드렸다. 그만큼 기본기를 혹독하게 가르친다고 업계에서 소문이 자자했고, 실제로도 그랬다. 내가 책으로, 인생 수업으로 터득하며 배운 경험들이 무색할 정도로 정석으로 알려주었다. '진즉에 이렇게 배웠더라면 더 빠르게 품격 있는 일상을 누릴 수 있지 않았을까?'라는 생각이 들 만큼.

영화 《관상》의 마지막 장면에서 관상가 역할을 맡은 송강호 배우가 이런 이야기를 한다. "나는 파도를 읽을 수는 있었지만, 파도를 일으키는 바람을 읽지 못했다." 수많은 시행착오를 겪은 내 모습이 딱 그랬다. 일하는 시간 외에는 공부한다는 명분으로 여기저기 쫓아다녔지만, 결국 한 순간에 무너지고 말았다. 모든 게 숲을 보지 못해서였다. 그러나 천만다행이게도 시스템이 탄탄한 조직과 동행하면서 차츰차츰 숲을 볼 수 있게 되었다.

PART 2. 치밀한 도약

원칙이 길을 알려주다

우리는 정확히 일주일 만에 다시 만났다. 그리고 지난번과 마찬가지로 이른 오전, 쌀쌀한 공기가 흐르는 카페 창가에 마주앉았다.

수림: 예고했던 대로 보험 영업을 시작했던 때로 거슬러 올라가 볼까요? 첫 질문입니다. 왜 굳이 외국계 보험회사를 고집했던 거죠?

운화: 처음부터 그랬던 건 아니에요. 그런데 직접 발품을 팔아 면접을 보고, 교육을 듣고, 근무 중인 사람들을 만나 이야기를 나눠보니 알겠더라고요. 뭐랄까, 문화가 달랐어요. 국내 기업보다 외국계 기업이 시스템과 원칙에 더 까다로웠죠. 그래서 지금의 회사를 선택했어요.

수림: 잘 이해가 되지 않는데요. 지켜야 할 게 많으면 오히려 영업에 방해가 되지 않나요?

운화: 그럴 수도 있죠. 하지만 전 처음부터 저만의 원칙이 있었고, 그 **원칙이 지켜지기 위해서는 시스템의 힘이 더 강한 곳을 원했어요**. 다시 말해, 지인 영업을 독려하기 보다는 **회사 내규와 교육 내용에 따라 도전하게 하는 곳을 선호했어요.**

수림: 이건 논란이 될 수도 있겠는데요. 국내 보험사를 폄하하는 것처럼 들릴 수도 있어서요.

운화: 그럴 수도 있죠. 그런데 이건 어디까지나 제 기준이에요. 말했듯이 보험 영업을 하는 여러 사람을 직접 만나보고 내린 결론이고요. 그럼, 이번엔 제가 질문 하나 할까요? 당장 대표님 주변에도 보험 영업을 하는 분이 꽤 있죠? 자녀도 있다고 하셨는데, 애들 자녀보험 설계를 해준 분도 있을 테고요.

수림: 그렇죠.

운화: 이는 곧 보험 영업은 한 다리만 건너도 마주칠 수 있는 직종이라는 말이에요. 그만큼 여러 회사가 있고, 영업인도 많아요. 재미있는 건 그들 중 개인의 성향을 강하게 나타내는 사람도 있지만, 대체로 회사의 색깔이 두드러져요. 이런 사실을 파악하고, 제 기준을 가장 잘 지킬 수 있겠다고 확신이 든 곳을 골랐죠. 결과는 기대했던 대로였고요.

나는 머리를 긁적였다. 결코 보기 좋은 모습은 아니지만, 난감한 상황이 찾아왔을 때 나도 모르게 튀어나오는 오랜 습관 중 하나였다.

수림: 흠, 그러니까 회사의 시스템과 내규가 단단한 쪽이 작가님과 결이 맞았다라고 이해하면 될까요?

운화: 네, 정확히 보셨어요. 그만큼 교육이 깊이 있고, 탄탄하다는 의미거든요. 사실 이건 모든 기업 단위 보험사에 똑같이 적용되는 말이기도 해요. 쉽게 말해, 어떤 보험사든 지인 영업만으로는 도심 한복판에 빌딩을 세울 수는 없어요. 결국 **답은 실적이에요.** 이 실적은 시스템을 바탕으로 한 교육이 힘이 발휘했을 때 꾸준히 생기는 거고요. 따라서 모든 보험 회사의 교육 목표는 누구나 실적을 낼 수 있는 **영업 시스템**이라고 봐요.

누구나 실적을 낼 수 있는 영업이라는 말에 영화 한 편이 맴돌았다. 바로《행복을 찾아서》. 영화는 극 중 주인공인 윌 스미스가 실패한 후, 주식중개인으로 다시 일어서는 과정을 보여준다. 단순한 스토리임에도 실제 기업인 크리스 가드너의 실화를 다루었다는 점에서 큰 인기를 끌었다.

수림: 문득 영화 한 편이 떠오르네요.

운화: 혹시《행복을 찾아서》인가요?

수림: 와! 어떻게 아셨죠?

운화: 그럴 수밖에요. 영업을 하는 사람들 사이에서는 명작 중의 명작이거든요. 게다가 그 장면은 강한 동기 부여를 주거든요.

수림: 화장실에서 아이랑 눈물 흘리며 잠드는 장면이요?

운화: 그것도 너무 애틋하지만, 그보다 영화 초반부에 주인공이 빨간색 페라리 운전자랑 대화를 나누는 부분이요.

수림: 아, 그 장면은 저도 기억합니다. 빨간 페라리가 너무 섹시했으니까요. 아마 대사가 "저도 선생님처럼 될 수 있을까요?"였죠?

운화: 맞아요. 그런데 왜 제가 수많은 장면 중에서도 그 부분을 꼽았을까요? 이유는 단순해요. "저도 선생님처럼 될 수 있을까요?" 했던 주인공이 결국 성공하잖아요? 그런데 어떻게 그게 가능했을까요? 그건 주인공이 보여주는 '**회사로부터 배운 대로 열정적으로 실행하는 모습**'이 말해줘요. **또 이건 평소 제 생각을 관통**하기도 해요.

순간, 소름이 돋았다. 내 눈앞의 그녀는 처음부터 계산을 마친 사람이었다. 한마디로 같은 업에서 성과를 내기 위해 추월차선으로 진입하는 깜빡이를 켠 순간부터 도달점을 전혀 다르게 바라봤다는 걸 알 수 있었다.

PART 2. 치밀한 도약

아이들도 세일즈를 한다

일방적인 기대감으로 듣던 과거 이야기가 아니라 전혀 생각하지 못했던 새로운 정보를 알게 된 덕분일까? 지난 만남보다 커피잔에 손이 자주 가지 않았다.

운화: 잠시 재미있는 이야기 하나 해볼까요? 대표님 아이들이 몇 살이라고 했죠?

수림: 첫째는 다섯 살, 둘째는 180일도 채 안 되었어요.

운화: 그럼, 둘째가 배가 고프면 어떻게 하죠?

수림: 울죠.

운화: 그게 아기의 영업이에요. 아기들도 필요한 게 있으면 의사표현을 해요. 심지어 가짜로 울기도 하죠. 이건 인간의 본능이에요. 그리고 영업 사원이 되면 이런 부분들을 차차 알아가죠.

수림: 그럼, 인간의 행위 전체를 세일즈로 두고 해석을 한다는 말인가요?

운화: 단적으로 예를 들자면 그래요. 정확히는 그렇게 관찰되는 행동들을 모아 분석하고, 체계를 정리해서 시스템이 될 수 있도록 정리부터 합니다. 교육은 그 다음이고요. **관리자들이 시스템을 직접 확인해 정비한 후에 팀원들에게 알려주는 거죠. 실적에 근접할 수 있게끔** 말이죠.

수림: 실적을 낼 수 있게가 아니라 근접할 수 있게요?

운화: 네, 둘은 엄연한 차이가 있어요. 아무리 정비가 잘된 시스템과 커리큘럼이라도, 결국 교육을 들은 주체들이 능동적으로 임해야만 실적이 발생하니까요.

수림: 아, 이해했습니다.

노트의 페이지를 넘겨 그녀의 이야기를 빠르게 받아 적는 내 모습이 불안했던 탓일까? 나를 조용히 지켜보며 기다려주던 작가는 다시 한번 예시를 들어주었다.

운화: 아기가 젖을 먹기 위해 우는 걸 세일즈라고 했죠? 그럼, 이제 아기가 경험으로 습득한 걸 시스템으로 바꾸는 단계를 알아볼까요?

수림: 오! 그럼, 그 아기는 글로벌 영재겠네요?

운화: 꼭 그렇게 거창한 능력이 아니에요, 호호. 처음에는 분명 본능이었을 거예요. 배가 고프니 울었을 테죠. 할 수 있는 게 당장 우는 것밖에 없으니까. 그런데 '어라? 우니까 밥을 주네?'라고 깨닫게 되는 순간부터 달라져요. 어떻게 달라질까요?

수림: 일단 배가 고프면 울겠네요?

운화: 맞아요. 배가 고파지면 일단 울어야 된다고 생각하겠죠. 그런데 이것도 몇 번 해보고 나면 알게 돼요. '아, 배가 고프다고 울었더니 기저귀가 찝찝하다고 울었을 때도 밥부

터 주려고 하는 구나!'라고요.

수림: 오, 그럴싸한데요? 그럼, 이제 배고플 때와 기저귀가 찜찜할 때를 구분해서 울게 되는 건가요?

운화: 단순히 말하자면 그렇죠. 물론 여기서는 가정하에 예로 들었지만, 실제로도 배가 고파서 울 때와 기저귀 때문에 울 때의 울음소리가 조금씩 다르긴 하잖아요?

수림: 적절한 예시네요. 아무래도 배가 고플 때 울음소리가 더 급박하긴 하죠. 기저귀 쪽은 확실히 그보다는 좀 여유가 있죠.

운화: 그렇게 아기는 나름 시스템을 세운 겁니다. 배가 고파지면 급박하게 운다, 기저귀가 찜찜하면 좀 짜증스럽게 천천히 운다. 이렇게 입력된 자극에 따라 울음이라는 반응을 출력하면, 부모가 결괏값을 주게 되는 거죠. 특별한 경우가 아니라면 이 시스템은 계속 유지되는 거고요.

확실히 이해가 쉬웠다. **인간은 필요에 의해 모두 세일즈를 한다.** 아기는 밥을 먹기 위해 울고, 어린이는 용돈을 위해 부모의 집안일을 돕는다. 부부 간에도 상대의 기분을 맞추기 위해 노력을 멈추지 않는다. 모두 필요에 따른 세일즈다. **영업 회사의 교육 시스템 역시 이런 크고 작은 세일즈 행위들을 관찰하여 일정 결과에 이르기 쉽도록 가이드라인을 제시해주는 게 기본**이란 얘기였다.

운화: 그럼, 영업의 시스템을 살펴볼까요? 영업은 보통 '**세일즈 프로세스 7단계'인 가망 고객 발굴, 미팅 제안, 니즈 파악, 사실과 느낌 수집, 제안, 계약서 전달, 소개 요청과 사후 관리에 따라 움직입니다.** 이 순서를 제대로만 진행하면, 소개가 자연스럽게 이어지죠. 회사에서 연구하는 교육 커리큘럼과 시스템은 바로 이 세일즈 프로세스 7단계를 세분화하는 작업이에요. '어떻게 잠재고객을 발굴할 것인가?', '어떻게 잠재고객에게 접근할 것인가?'와 같은 물음에 답하기 위해 일상을 관찰하고, 반복되는 패턴을 찾으며, 그 틈새를 전략적으로 활용할 수 있도록 팀원들을 돕죠.

수림: 영업에 대해 잘 모르는 제가 들어도 매우 흥미로워요. 제 업에도 접목할 수 있을 거 같고요.

운화: 무조건 가능합니다. 계약의 형태의 형태나 목적이 달라도 접근 양식만 달라질 뿐이죠. 우린 결국 모두 세일즈를

하는 중이니까요. 글을 쓰는 것도 결국에는 독자에게 닿기 위한 활동이잖아요?

나는 강하게 고개를 끄덕였다. 글도 결국에는 독자에게 읽혀야 생명을 얻는다. 이는 곧 팔리는 글이 되어야 한다는 얘기다. 그러기 위해서는 독자를 유혹할 수 있는 문장을 쓰는 것도 중요하지만, 내 글의 잠재독자가 누구인지, 그들이 글을 통해 얻고자 하는 욕망이 어떤 형태인지를 파악해야 한다. 심지어 작가의 팬서비스가 또 다른 독자를 불러오는 바이럴 마케팅으로 이어질 수 있다는 점에서도, 영업과 글쓰기는 생각보다 많은 공통점이 있었다.

수림: 정말, 그러네요.

운화: 고민해보면 분명 좋은 답을 찾을 수 있을 거예요.

수림: 듣고 있으니 자연스레 느껴지네요. 처음 입사했을 땐 상급자가 알려주는 대로 그리고 시스템대로 실천해서 실적을 거뒀다면, 어느 순간부터는 입장이 바뀌었다는 걸요. 팀원들에게 교육을 해주고, 또 그들을 위해 시스템을 기획해주는 사람으로요.

운화: 맞아요. 그리고 그 과정에서 핵심을 보게 되었죠. **세일즈 프로세스 7단계를 진정한 내 것으로 만들기 위해서는 'K.A.S.H'를 제대로 이해하고, 실행하는 인재가 되어야 한다는 걸요. 이 K.A.S.H를 통해 체질이 바뀌면, 세일즈 프로세스는 저절로 굴러가요. 결국 K.A.S.H가 의식의 기반이 되어야 삶도 자연스럽게 실행 중심으로 흘러가게 되는 거죠.** 이건 단순히 보험 영업직에 해당하는 이야기가 아닙니다. 모든 일에 적용할 수 있고, 그렇게만 되면 좋은 결과는 자연스럽게 따라오기 마련이고요.

난 녹음기를 껐다. 책으로 옮기기 전까지 만이라도 나 혼자만 알고 싶어서였다. 오랜만이었다. 정보를 독점하고 싶다는 욕구가 이렇게까지 강하게 올라온 건.

바른 자세에 스며든 노력은 무기가 된다

인터뷰가 본격적으로 무르익고 있음이 피부로 느껴졌다. 작가의 얼굴이 즐거움으로 한껏 상기된 모습에서 알 수 있었다.

수림: 그간 답답하셨죠? 정말 하고 싶었던 이야기는 이제 시작이니까요. 그럼, 한번 달려볼까요? 조금 전 언급한 내용이 Cash, 캐시였나요?

운화: 아뇨, 그 캐시가 아니라 'K.A.S.H'예요. 전 농담 반 진담 반으로 **돈이 아니라 자세**라고 말해요.

수림: 네, K.A.S.H. 분명 이걸 알면 세일즈 프로세스가 저절로 굴러간다고 했는데요. 어떻게 그런 일이 가능한 거죠?

운화: 그건 세상의 이치가 생각보다 단순해서예요. 많은 사람이 뭔가 대단한 비밀이 있을 거라고 생각하지만, 막상 알고 보면 이미 우리가 잘 알고 있는 내용인 경우가 많잖아요. K.A.S.H도 그래요. 아마 대표님도 들으면 식상하다고 여길 만큼 특별한 이야기가 아니에요. 하지만 **문제는 그걸 안다고는 해도 직접 실천하는 이는 손가락으로 꼽을 정도로 적다**는 거죠.

수림: 실행으로 옮기는 게 어려워서일까요?

운화: 전혀 어렵지 않아요. 다만, 믿음의 문제죠.

수림: 무턱대고 믿음을 가져야 한다는 말일까요? 요즘 젊은 세대들에게 무작정 버티면서 노력하라는 말만큼 폭력적인 것도 없다는 건 잘 아시죠?

운화: 물론이죠. 아주 가혹한 메시지라는 걸 아주 잘 압니다. 그렇지만 아무것도 하지 않으면, 다음 변화가 찾아오지 않는 것도 진실이죠.

수림: 그렇다고 해서 무작정 해봐라, 노력해라는 말은 다소

Thank you

구매해 주셔서 감사합니다.
파본이나 잘못된 책, 불량 제품은
마이티북스 출판사로 연락주세요.

빠른 구매확정과 후기 작성은
판매자에게 큰 힘이 됩니다.

마이티북스 & 장미와 여우
추천 도서

문수림 작품선

인문 교양 서적
장르불문 관통하는 글쓰기
- 기본 이론편
글쓰기가 좀처럼 늘지 않는
이들을 위한 글쓰기 이론서

단편소설모음집
20에서 30까지

소설가 문수림의
20대부터 30대까지 작품모음집

단편동화모음집
괜찮아, 아빠도 쉽진 않더라

문수림이 자신의 아이를 위해
직접 쓴 단편동화모음집

문수림 작가의 최신 원고는 브런치스토리를 통해 무료로 연재되고 있습니다.
https://brunch.co.kr/@roseandfox

장미와 여우 시선집

김사람 시인
동성로 낭만 다이어리

프로 시인 김사람,
낭만과의 작별을 노래하다

주희 시인
새들이 울었던 자리가 있다

격식과 제도의 틀을 벗어난
주희 시인의 첫걸음

베수 시인
마하의 시간을 살다

베수로 돌아온 주희 시인의
두번째 시집

무책임하지 않을까요?

운화: 그렇게 생각할 수도 있죠. 하지만 노력한 만큼 결과를 얻는 일은 현실에선 그리 흔치 않아요. **오히려 노력이 배신당하는 경우가 훨씬 많죠.** 그게 일상적이에요. 노력을 배신하지 않는 결과 같은 건 만화 같은 환상에 가깝다고 생각합니다. 솔직히 **노력보다는 운이 좋은 사람이 성공하는 경우가 훨씬 더 많죠.** 태어날 때부터 운이 좋아서 금수저인 사람을 이기기란 더더욱 어려워진 세상이기도 하고요. 그럼에도 전 믿음을 버리지 않았으면 한다는 이야길 하는 겁니다. **그래도 노력해야 한다**고요.

수림: 어째서죠?

나는 그녀의 눈을 정면으로 응시했다. 일반적인 노력조차 '노오력'이라며 비꼬는 시대에 과연 대중을 설득할 준비가 되어 있나 해서였다. 더욱이 '작가'나 '강사'라는 직함이 힘을 발휘하려면, 단순히 열심히 살아왔다는 이력만으로는 부족하다. 따라서 누군가에게 영감을 줄 수 있는 드라마를 간직하고 있거나, 공감 능력이 탁월하여 타인의 아픔까지 챙겨줄 수 있어야 한다.

운화: **운은 이길 수 없는 겁니다.** 저는 신이 있는지 없는지는 몰라도 운이 좋은 사람을 이기기 어렵다는 사실만큼은 분명히 압니다. 그렇다면 운이 없는 사람은 그저 당하고만 있어야 할까요? 말했듯이 **아무런 노력을 하지 않으면, 어떤 변화도 시작되지 않습니다.** 경쟁이 버겁다는 사실을 부정하지는 않습니다. 그렇지만 기본적인 자세가 흐트러진 상태에서는 어떤 노력도 제 힘을 발휘하지 못하고, 운도 찾아오지 않죠. **바른 자세로 노력한다는 건 운을 부르기 위한 최소한의 준비**라고 생각합니다.

수림: 좋은 말씀입니다.

만족스럽지는 않았지만, 그렇다고 모자라거나 삐뚤어진 부분이 있는 답변도 아니었다. 처음 봤을 때 느꼈던 단단함, 그대로였다.

운화: 결정적으로 K.A.S.H는 결코 어려운 개념이 아닙니다. 이 4가지를 대하는 태도만 균형 있게 바로잡아놓는다면, 나머지는 저절로 이루어져요. 심지어 스스로의 능력 그 이상을 펼칠 수도 있게 되지요.

수림: 정말 대단한 믿음이네요. 어째서 그런 확신을 가질

수 있나요?

운화: 제가 직접 겪었으니까요. 제가 지금의 자리에 오기까지 체결한 계약은 모두 K.A.S.H를 기반으로 이룬 성과입니다. 원칙대로 진행한 계약이라는 거죠. 제 전체 계약 중 9할이라고 해도 지나친 표현이 아니라고 생각해요. 그런 저를 믿고, 저와 함께 실천해 성장한 팀원들도 있고요. 이 부분은 뒤에 더 나누도록 할게요.

수림: 그렇다면 작가님과 직속 팀원들 모두가 K.A.S.H를 핵심 무기로 사용했다고 보면 될까요? 그리고 K.A.S.H가 체결 계약의 9할이라면 나머지 1할은 뭘까요?

1할에 대한 물음에 한동안 진지하게 굳어있던 작가의 얼굴이 활짝 폈다. 부끄러운지 두 볼이 붉어지더니 웃음을 감추지를 못했다.

K.A.S.H는 운명도 걸게 한다

작가의 바뀐 표정에 나도 모르게 자세를 고쳐 앉았다. 그런 다음 몸을 조금 더 그녀 쪽으로 기울였다.

운화: 저도 완벽하지 않은 사람이잖아요. 때로는 무리한 목표 설정을 할 때도 있었죠. 그럴 땐 저도 가족이나 지인 찬스를 썼어요. 그렇다고 무책임하게 설계한 적은 단 한번도 없습니다. 다른 계약자들과 마찬가지로 철저하게 계약 이후 사후 관리를 직접 다 했고, 지금도 하고 있죠.

숨김없이 오픈하는 모습에 더 신뢰감이 생겼다. 그럼, 그 K.A.S.H라는 게 정말 세일즈의 치트키는 아닐까? 막무가내로 형성된 믿음이 아니라 한 사람이 다년간 성장해오면서 직접 증명한 영업 기술이니 말이다. 게다가 그녀와 함께하는 팀원들도 그 기술을 증명하고 있다니,

신빙성이 없지는 않다. 무엇보다 그녀는 그 기술로 '경단녀'라는 불리한 조건까지 돌파하지 않았던가?

수림: 그럼, 이제부터 제대로 K.A.S.H에 집중을 해볼까요. 먼저 이를 가장 먼저 언급한 사람은 누구인가요? 세일즈 프로세스 7단계도요. 아무래도 저작권 문제를 명확히 해야 하니까요.

운화: 그런 거라면, 걱정하지 않으셔도 됩니다. 특정 개인이 저작권을 행사할 수 없는 부분이니까요. 굳이 그 출처를 따진다면, 세일즈 비즈니스가 본격화되었을 무렵의 자기계발서 저자들 정도 되겠네요. 나폴레온 힐, 데일 카네기, 스티븐 코비 등이 썼던 저서를 바탕으로 여러 기업에서 교육용 자료로 편집한 내용이거든요. 그래서 세일즈 프로세스 7단계나 K.A.S.H를 검색하면, 상당히 많은 자료가 쏟아져요. 국내에도 이 주제로 책을 낸 분도 있고요. 그렇다고 해도 그들의 지식재산권은 아니란 뜻이죠. 그리고 교육을 집행하는 관리자마다 그 용어를 있는 그대로 해석해서 교육생들에게 전달하지도 않아요. 끊임없이 변화하는 시장의 흐름을 읽고, 이론 역시 상황에 맞게 응용해야 하니까요.

사전 미팅에서 얻은 정보를 바탕으로 미리 확인한 내용이었다. 기업과 관공서를 비롯해, 인적 자원 개발을 담당하는 여러 기관에서 해당 내용을 교육 자료로 활용하고 있다는 사실도 이미 파악한 상태였다. 이를 통해 작가의 말처럼, 이 개념이 특정 개인의 독창적인 아이디어라기보다는 집단 지성의 산물이라는 점을 인지하고 있었다. 그럼에도 나는 확인을 위해 굳이 당사자에게 직접 물었다.

수림: 그럼, 작가님이 직접 K.A.S.H를 짧고, 쉽게 정리해 주시겠어요?

운화: 네. **K.A.S.H는 지식(Knowledge), 태도(Attitude), 기술(Skill), 습관(Habits)**을 의미합니다. 이들 알파벳의 앞 글자를 따서 K.A.S.H라고 부르죠.

수림: 그러면 지식과 태도, 기술과 습관. 이 4가지만 제대로 갖춰도 모든 영업이 가능하다는 건가요?

운화: 네, 맞아요. 여기서 말하는 지식은 **전문적인 지식**을 뜻합니다. 즉, 자신이 판매하는 상품에 대해서는 정확히 알고 있어야 합니다. 이는 아주 기본적인 요소입니다. 그 외에도 일반적인 금융 지식이나 경제 흐름에 대한 정보, 세금

관련 내용까지 두루 파악하고 있어야 고객의 주머니 사정을 도울 수 있겠지요. 또한, 다른 회사의 상품에 대해서도 이해하고 있어야 하며, 인문학적인 교양과 이해를 갖춰, 고객에게 불편을 주지 않으면서도 도움을 줄 수 있는 사람이 되어야 합니다.

절로 고개가 끄덕여졌다. 괜히 4가지를 강조한 게 아니란 생각이 들었다. 최대한 간추려서 설명했지만, 분명 단어 하나에도 그간 고민했을 시간이 고스란히 전해졌다.

운화: 태도로 넘어가볼까요? 이는 스스로 택한 직업을 대하는 태도, 타인을 대하는 태도, 약속을 대하는 태도 그리고 고객을 대하는 태도 등 **아주 기본적인 자세**를 의미해요. 그리고 전 개인적으로 지식이나 기술보다 태도가 더 중요하다고 생각합니다.

수림: 그런데 보통 교육 시간에는 지식이나 기술에 더 중점을 두지 않나요? 요즘처럼 시장이 급변하는 시대에는 더더욱 그럴듯한데요.

운화: 맞아요. 시장은 생물과도 같아서 끊임없이 변화하죠.

그래서 지식 축적과 기술 향상이 요구되고요. 하지만 태도나 습관 형성보다 빈번하게 강조할 필요는 없어요. 오히려 **교육은 습관과 태도 형성에 집중**해야 합니다. 적어도 저는 그래요. 제 팀원들에게 늘 "**K와 S를 못하면 실패하지 않지만, A와 H를 하지 못하면 실패한다.**"라고 할 정도니까요.

수림: 그렇다면 기술 영역에서는 **영업의 기술**, 요즘으로 치면 SNS 마케팅이나 개인 방송을 이용한 접근법 등을 배우나요?

운화: 호호, 맞습니다.

수림: 하지만 그런 기술적인 부분은 그리 중요하지 않다는 말씀이신 거죠?

운화: 그렇죠. 솔직히 그건 제가 아니더라도 배울 수 있어요. 온라인에 무수한 자료가 있으니까요. 우리 업종과 접목하는 데 있어 다소 디테일이 부족할 수는 있겠지만요. 그런데 태도나 습관 형성은 어떤 매체를 통해서도 쉽게 익힐 수가 없죠. 그건 자신과의 싸움이기도 하거든요.

수림: 그런 자신과의 싸움이 교육을 통해서 제어가 가능하다는 건가요?

운화: 정확히는 끊임없이 동기 부여를 제공해줄 수 있고, 흔들릴 때 옆에서 용기와 믿음을 불어넣어 줄 수 있죠. 물론 사람마다 차이는 있지만, 확실히 그런 건 책이나 인터넷을 통해서는 실시간으로 자극을 받고, 소화하는 시간이 충분히 주어지지 않아요. 따라서 기업에서 관리자가 팀원을 기다려주는 건 소화의 시간을 함께 견뎌주는 일이라고 보면 됩니다.

수림: 그럼, 습관은 자연스레 **자기관리**와 이어지겠군요?

운화: 역시 센스가 좋으시네요. 맞아요. **자기관리의 습관과 열정의 형성**이죠.

수림: 열정도 형성될 수 있는 건가요?

운화: 열정을 단순히 '파이팅!', '으라차차!'처럼 단박에 기합을 내지르는 모습으로 생각하는 분이 많죠. 하지만 전 지속 가능해야 열정이라고 생각해요. 지치지 않고 나아가는

것, 그게 진짜 열정이죠. 그러니 열정도 습관을 통해 형성될 수 있다고 봅니다.

여기까지 들은 나는 노트를 닫고, 펜을 내려놓았다.

수림: 쉽지 않은 내용들을 추려서 알려주느라 애 많이 쓰셨어요.

운화: 별말씀을요. 직접 만나서 이렇게 이야길 나누니 더 정리되는 느낌도 들고, 좋네요. 만일 제가 전해드린 초안대로였다면, 빠트린 내용이 많았을 듯해요.

수림: 그럼, 다음 미팅 때는 K.A.S.H의 각 항목을 정리해 보죠. 주변인과 얽힌 에피소드도 담아보고요. 팀원들도 적극적으로 K.A.S.H를 활용했다고 하니 재미있는 이야기가 많지 않을까 해요. K.A.S.H에 집중하지 못하고 실패한 사람도 꽤 많을 테고요.

운화: 맞아요, 그런 에피소드는 넘쳐요. 제가 다 기억을 못해서 문제죠. 그럼, 오늘은 여기까지만 할까요? 괜찮겠어요?

수림: 그건 제가 할 말이죠. 이대로 가셔도 괜찮겠어요? 하하.

운화: 아, 그러고 보니 그걸 이야기하지 않았네요. 제가 메트라이프 소속이라고만 했는데, 지금 저는 정확히 '메트라이프 금융서비스'에서 활동 중이에요. 메트라이프생명에서 퇴사를 하고, 이직을 한 거죠.

수림: 그렇다면 보험업을 시작한 이후에도 인생 분기점이 한 번 더 있었던 셈이네요? 그런 중요한 이야길 왜 이제야 하세요?

운화: 호호. 대중은 그 차이를 잘 모르는 데다가, 굳이 자세히 말할 생각도 없었어요. 그런데 조금 전 잠깐 믿음에 대한 이야기가 나왔잖아요. 대체 어떻게 그런 믿음을 가질 수 있느냐고요.

수림: 네, 그랬죠.

운화: 같은 메트라이프 그룹이지만, 한쪽에 사표를 던지고, 다른 곳으로 이직할 때에는 패널티가 따라요. 바로 이직할 수 있는 게 아니라, 3개월가량 공백이 생깁니다. 적어도 3

개월은 무직 상태로 있어야 하는 거죠. 그런 제약이 없으면, 저처럼 결심만 서면 너도나도 바로 옮겨버리는 일이 생길 수 있으니까요.

수림: 하지만 보험업은 일반 회사원과는 다르잖아요. 실업급여 신청도 할 수 없으니 3개월 공백이 상당한 부담일 텐데요.

운화: 맞아요, 아주 크죠. 그런데도 제가 그런 결정을 내렸을 때, 저와 함께 하던 팀원 대부분이 같은 결정을 내렸고, 같이 이직을 했어요. 믿기시나요?

수림: 솔직히 정말 믿기 힘든데요.

운화: 하지만 그때부터 지금까지 저와 함께 움직이는 팀원이 많아요. 그런데 그들이 저를 믿어서 옮겼을까요? 아뇨, 전 그렇게 생각하지 않아요. 그들은 저라는 사람보다 K.A.S.H를 믿은 거예요. 그거 하나면 충분하니까요.

나는 그 어느 때보다 환하게 웃는 그녀에게 손을 내밀었다. 우린 그렇게 오래전부터 알고 지낸 사람들처럼 기분 좋은 악수를 나눈 뒤 헤어졌다. 밝은 햇살이 머리 위로 따스하게 내려앉는 오후였다.

서단장 스토리 ②

추월차선을 원한다면 내 위치부터 파악하라

한때, '부의 추월차선'이란 말이 유행했다. 같은 표현을 사용한 베스트셀러 덕분에 더 유명해졌는데, 해당 책에서는 일정 이상 소득 구간을 돌파하는 곳, 더 정확하게는 월 소득을 높여 잉여자금을 만들고, 재테크로 활용하는 시스템을 구축하는 단계로 빠르게 진입할 수 있는 방법을 다루고 있다.

조금 더 쉽게 설명하면, 부의 추월차선은 '빠르게 부자가 되는 길'을 의미한다. 그리고 그 방법은 대략 우리 모두가 알고 있는 사실이다. 이를테면 똑같은 시간을 들여서 일하고, 더 많이 벌고, 여윳돈으로 재테크를 해서 돈이 돈을 벌어오게끔 하자는 것이다. 그럼, 이 단순한 원리를 알면서도 왜 소득 격차는 자꾸만 벌어지는 걸까? 왜 사람들은 추월차선을 이용하지 못하는 걸까?

나 역시 월 총소득의 절반 이상을 빚 갚는 데 쓰면서도 꿈꿨다. '아, 추월차선으로 달리고 싶다!' 내가 일에 충실한 만큼 그 대가를 온전히 받고 싶었다. 적어도 아이들에게 소홀해지는 만큼 더 벌어야 한다고 생각했다. 그래서 적지 않은 시간 동안 난 나에 대해, 내 위치와 역량에 대해 고민했다. 그리고 이 질문을 수도 없이 했다.

'현재 난 어느 차선에 있지?'

난 대부분의 사람이 추월차선을 이용하지 못하는 이유가 이 질문에 있다고 본다. 아니, 이 질문을 소홀하게 여긴 결과다. 즉, 추월차선이 무엇을 말하는지 잘 안다고 착각한 결과. 따라서 성급하게 실행으로 옮긴 탓에 차선에 진입조차 못하는 것이다. **내가 현재 어느 차선에 있고, 추월차선으로 진입하기 위해선 몇 번이나 차선을 옮겨야 하며, 주의를 기울여서 피해야 할 차량에는 어떤 것이 있는지부터 확인**해야 함에도 지나치는 것이다. 그래서 그 시절의 나는 아래처럼 목표로 하는 지점과 관련해 구체적으로 적어보았다.

1. 재테크를 위해 전체적인 금융 흐름을 읽을 수 있는 사람이 되고 싶다.
2. 내가 일한 만큼 결과를 볼 수 있는 직업을 가지고 싶다.
3. 섣불리 창업을 하지는 않는다.

4. 나의 리스크를 함께 안아줄 시스템이 제대로 갖추어진 회사에서 일한 만큼 대우를 받고 싶다.

이 네 가지는 그간의 경험치로 탄생한 구체적인 목표였다. 추월차선에 진입하기 위해 재테크를 시작한 일은 옳은 선택이었지만, 그에 대한 배경지식이 얄팍한 상태에서 도전한 건 다시 생각해 봐도 정말 바보 같은 짓이었다. 그렇기에 단순히 재테크를 하는 방법이 아니라 그때와 같은 피하지 못할 위험들이 무엇이 있는지 미리 알고, 준비할 수 있는 사람이 되고 싶었다. 더 구체적으로는 단순히 어떤 상품이 얼마만큼의 이윤을 더 안겨준다는 숫자에만 해박한 사람이 되기보다는 그 상품이 어떻게 만들어질 수 있는 상품인지, 불안 요소는 무엇인지, 계약자가 적극적으로 대처할 수 있는 관리 방법에는 어떤 것이 있는지를 한눈에 꿰뚫어 볼 수 있는 사람이 되고 싶었다.

이 기준을 세우고 난 후, 나는 돈의 흐름을 가장 잘 알 수 있는 금융업 관련 직종 몇몇을 추려냈다. 이제 겨우 옆 차선으로 진입하겠다고 깜빡이를 켠 것이다. 그럼, 왜 하필 보험 영업이었을까? 이는 매우 단순한 이유와 나름의 치밀한 계산이 함께 녹아든 결과였다. 우선 **'경력 단절'이 흠으로 작용하지 않았다**는 점이다. 이 부분은 내게 매우 큰 강점으로 작용했다. 누군가는 영업직이란, 최종 학력도 보지 않는 곳이라고, 누구나 입사해서 주변인에게 강매만 해도 초기 실적이 나와 주니 기업만 이로운 곳이라고 할 수도 있다. 물론, 틀린 말은 아니다. 그렇다고 절대 맞는 말도 아니다. 모든 일은 어떤 자세로 볼 것인가, 내 역량과 열정을 어디까지 투자할 것인가가 중요하니까. 적당히 기댄 자세로 임한다면, 초기에 지인들에게만 판매하고 나서 힘을 잃을지도 모른다. 아니, 그 사람 커리어의 전부로 막을 내릴지도 모른다. 그렇지만 처음부터 목표한 바가 일반적인 수준이 아니라면, 매우 구체적인 비전을 품고 열정을 다할 각오로 시작했다면, 결과는 달라질 수밖에 없다.

한마디로 "기업이면서도 경력 단절이 흠이 되지 않는다."라는 조건은 내가 최초에 원했던 바와 딱 맞아떨어졌다. 오히려 그 이상이었다. 이미 커리어를 바닥부터 차근차근 쌓아 올려봤고, 시스템이 뒷받침되지 않는 상태에서의 영업이 얼마나 불안정한지에 대해서도 경험을 한 상태였기에 알 수 있었다. 가령, 영업자의 노력으로 계약 과정까지 진행이 되었다고 하더라도 시스템이 감당할 수 없다면, 결과적으로 계약이 불발되고 만다. 그러나 대기업이라면 이런 걱정을 크게 하지 않아도 된다는 걸 경험을 통해 인지한 상태였다. 더욱이 당시의 나는 엄청난 대출금을 안고 있었기에, 창업을 하고 싶지는 않았다. 그보다는 **제대로 교육을 받으면서 영업 활동을 안정적으로 보장받고 싶었다**. 그래서 난 누구의 권유나 추천이 아닌, 내 발로 걸어가 보험 회사의 문을 두드렸다.

PART 3. Knowledge
: 그냥 지식이 아닌 전문적 지식

지식의 벽에 부딪히다

평소보다 일찍 자동차 시동을 걸었다. 그저 이어질 이야기가 궁금해서였다. 대체 K.A.S.H가 뭐라고 잘 다니던 직장까지 갈아탄다는 말인가? 그것도 단체로. 다들 3개월간 급여도 없이 어떻게 버틸 생각을 했을까?

운화: 어머, 일찍 오셨네요?

수림: 작가님이야 말로 정말 일찍 오셨네요?

카페 문을 열고 들어서니 이미 작가는 메뉴를 고르고 있는 중이었다. 기다리지 않아도 된다는 사실에 긴장이 살짝 풀렸다. 그래서 난 주문은 뒷전으로 한 채, 냉큼 자리에 앉아 녹음기부터 꺼냈다.

운화: 차는 어떤 걸로 드시겠어요?

수림: 전 괜찮습니다. 그보다 빨리 시작했으면 해요. 사실 많이 궁금해서요. 팀원이 다 같이 직장을 옮겼다고 하니까.

운화: 그래도 차는 골라보세요. 제가 어디로 도망갈 것도 아니니까요. 그런데 다른 이야기를 먼저 하면 안 될까요? 제가 지난번에 말씀드린다고 했는데, 다른 이야기가 길어지다 보니 깜빡했지 뭐예요.

수림: 다른 이야기요?

운화: 네, 제가 몸짱 열풍 그러니까 닭가슴살 붐이 터지기 직전에 닭가슴살 쇼핑몰을 했었다는 스토리요. 어때요? 흥미롭지 않아요?

수림: 와! 정말요? 그런데 이런 재미있을 이야길 왜 여태껏 하지 않으셨어요?

운화: 사실 아껴뒀어요. 팀원들이 다 같이 그만 둔 이유가 궁금하겠지만, 지금부터 할 이야기를 하나씩 듣다 보면 퍼

즐이 저절로 맞춰질 거예요.

수림 : 오, 아주 자신만만하신데요?

그사이 카운터에서 따끈한 커피가 나왔다. 난 커피잔을 들고 오자마자 앉기 바쁘게 작가에게 질문을 던졌다.

수림: 그 당시 닭가슴살이라면 장사가 제법 잘되었을 텐데요?

운화: 제법요. 뛰는 만큼 거두어들이는 맛이 쏠쏠했어요. 규모 있는 헬스장도 여기저기 생길 때라서 영업하기도 좋았고요.

수림: 아, 온오프라인 영업을 동시에 했다는 말씀이네요?

운화: 네, 민망하지만 도메인도 있었고, 여러 마켓에도 무작정 진입하기도 했고요.

수림: 그런데 대체 왜 그만두신 겁니까?

운화: 바로 Knowledge, 지식이 부족했거든요.

수림: 하하, 이렇게 K.A.S.H의 K가 시작되는 겁니까?

운화: 네, 제가 그랬잖아요. 하나씩 들으며 모아가다 보면 퍼즐이 다 저절로 맞추어질 거라고.

여기까지 단숨에 이야기를 끌어오던 작가는 숨을 고르며, 차를 들이켰다. 이야기의 완급을 조절하는 모습에서 노련함이 엿보였다.

진짜 전문가가 되려면 마니아가 되어라

 숨을 고르는 작가 덕분에 얼른 다음 이야기를 듣고 싶은 마음을 추스를 수 있었다.

수림: 어떤 지식이 부족했던 걸까요?

운화: 잘될 거라는 게 보였고, 잘되게 하기 위한 열정도 있었고, 실제로도 잘되었죠. 그렇지만 인터넷 쇼핑몰을 운영하고 있었지만 인터넷 쇼핑에 대해 잘 몰랐고, 닭가슴살을 팔고 있었지만 닭가슴살 공급 문제에 대해 그리 깊게 고민하지 않았어요.

수림: 경험 부족을 얘기하는 걸까요?

운화: 네, 그것도 맞는 말이죠. 더 큰 문제는 부족한 경험에도 무모했고, 굳이 꼭 다 두드려본 다음에야 깨달았으니까요.

수림: 조금 더 구체적으로 말씀해주실 수 있을까요?

운화: 당연한 얘기지만, **어떤 사업이든 무턱대고 시작해서는 안 됩니다**. 그런데 전 잘될 아이템이란 확신만으로 깊게 고민을 하지 않았어요. 그저 사람들이 식단 관리를 위해 닭가슴살을 지속해서 소비하리라는 믿음만 있었을 뿐이죠. 게다가 어지간한 장애물은 거뜬히 넘을 수 있다고 자신만만해했고요. 그래서 공부도 게을리 했어요. 그게 화근이었죠. 우선 마켓에서 떼어가는 수수료를 놓쳤고, 광고비 측정도 서툴렀어요. 결정적으로 세금과 관련한 정보를 몰랐어요.

충분히 공감이 가는 이야기였다. 인터넷 쇼핑몰 유통업은 조금만 잘 되어도 매출이 급격히 늘어나지만, 그 매출이 고스란히 국세청으로 흘러 들어가는 구조다. 또한 간이과세자에서 일반사업자로 전환되는 순간, 부가가치세법이 달라지고 종합소득세 규모가 크게 달라진다. 거기서 그치지 않는다. 벌자마자 세금을 바로 내면 좋겠지만, 한참 잊고 지낼 만한 이듬해에 큰 금액을 한꺼번에 내야 하는 일이 생기곤 한다. 이런 이유로 작가의 말과는 달리 사업의 완급 조절부터 힘들었으리라 본다.

수림: 그렇다면 1~2년 안에 사건이 연달아 일어났겠네요.

운화: 맞아요. 경쟁 시장에 대한 지식이 없었으니까요. 전 그저 의욕만 앞선 견습생에 불과했죠. 단순하게 필요한 물건을 떼 와서 필요한 사람들에게 판다. 정말 거기까지만 생각했죠. 그 과정에 필요한 지식은 쏙 빼놓고 말이에요.

수림: 그래도 매출이 꽤 높았다고 했잖아요. 그럼, 경험을 쌓으면서 충분히 레벨 업을 할 수도 있었을 텐데, 왜 그만두셨나요?

운화: 점점 재미가 없어졌어요. 말했듯이, 저는 그저 필요한 물건을 가져와 필요한 사람들에게 전하는 것, 그 이상은 상상해 본 적이 없거든요. 그러다 보니, 저처럼 생각하며 시장에 뛰어드는 사람들이 생길 줄도 몰랐고, 제게 물건을 공급하던 공장들이 직접 앞장설 거라고는 더더욱 예상하지 못했죠.

수림: 아, 원천 공급자들이 직접 직거래에 나섰군요. 그렇게 되면 개인이 대응하기 쉽지 않죠. 그걸 넘어서려면, 정말 많은 공을 들여야 하기도 하고요.

운화: 솔직히 경쟁 자체가 버거워지더라고요. 물건이 팔려도 이익이 거의 없고요. 대리점 채널에 불과한 제가 공장 단가를 어떻게 따라잡겠어요? 결국 무너질 수밖에 없죠.

나 역시도 약 10여 년 동안 인터넷 쇼핑몰 유통업에 몸담았던 경험이 있다. 당시 내가 속한 회사는 소수의 마니아층이 열광할 만한 아이템을 취급했고, 시장 흐름을 따라가기보다는 오히려 선도하는 쪽이었다. 그게 가능했던 이유는, 해외 무역을 통해 직접 제품을 대량으로 들여오며 소비자 가격에 대한 결정권을 쥘 수 있었던 덕분이다.

수림: 결국 유통업의 기본 원리를 모르고 시작해서 무너진 거네요?

운화: 맞아요. 그래서 만약 지금 다시 도전하게 된다면, 훨씬 더 잘할 자신은 있어요. 하지만 굳이 그럴 생각은 없어요. 지금 하고 있는 일에서 저는 이미 전문가니까요. 새로운 분야에서 다시 전문가가 되는 건 정말 힘든 일이죠.

수림: 그러니까 결국, **스스로 선택한 업의 전반적인 배경지식은 필수로 쌓아야 한다** 정도로 요약할 수 있겠네요?

운화: 맞아요. 그런데 거기서 한 걸음 더 나아가야 해요. 단순히 배경지식이 아니라, 내가 어떤 업에서 경쟁하고 있는지, 내가 파는 상품에 대해 얼마나 깊이 이해하고 있는지, 경쟁자들은 어떤 상품을 보유하고 있는지, 그들과 나의 차이점은 무엇인지까지 분석해야 해요. 더불어 내가 사업을 시작한다면 관련 세법이 어떻게 적용되는지, 예상되는 세금 규모가 얼마 정도인지도 미리 계산해봐야 하죠. 결국엔 내 장점과 약점까지 객관적으로 파악해서, 시장에서 어떻게 활용할 수 있을지 전략을 세워야 해요. 더 중요한 건 앞으로 시장이 어떻게 바뀔지를 예측하고, 그 변화에 미리 대응할 수 있어야 해요. 그 정도 준비가 되어 있어야 전문가라고 부를 수 있죠. 이렇게 **전문가가 되면 굳이 요즘 유행하는 'N잡'을 하지 않아도 돼요. 일 하나만으로도 충분히 원하는 만큼 수익이 따라오니까요.**

수림: 공감합니다. 한 분야에서 정점을 찍으면, 굳이 여러 일을 벌이지 않아도 되죠.

운화: 그렇지만 전문가가 되기보단, 빠르게 익힌 지식을 발판 삼아 다른 일로 넓혀가는 쪽을 선택하죠. 반응이 그쪽이 더 빠르니까요. 그런데 그렇게 반짝하는 속도만 추구하

면, 저처럼 '잠시 반짝했던 닭가슴살 사장님'이 되기 쉬워요. **준비되지 않은 부분, 전문가들이 놓치지 않는 지점에서 격차가 벌어지고, 그게 판을 뒤집죠**. 무엇보다도 기억해야 할 건, 이미 판을 만들어 놓은 사람들 즉, 결정권자들은 자기 시장에 경쟁자가 늘어나는 걸 바라지 않는다는 점이에요. 그러니까 **더 철저하게, 더 깊이 공부해서 '진짜 전문가'가 되어야 합니다**. 그래야 흔들리지 않아요.

마니아인 남편은 왜 망했을까?

다 식은 커피가 긴장감을 떨어뜨렸다. 마침 이야기도 한 단락이 끝난 분위기라 그 틈에 나는 날려 쓴 메모들을 천천히 다시 읽어보았다.

수림: 갑자기 엉뚱한 생각이 드네요. 모두가 전문가가 되기 위해 노력하다보면, 다 같이 마니아가 되는 게 아닐까 하는 생각이요.

운화: 그렇죠. 전문가가 되기 위해 노력한다는 건 결국 그 일을 즐기게 된다는 뜻이니까요. 누구나 자기 분야에서 '덕후'로 거듭나게 되는 거죠.

수림: 조금 무섭게 들리기도 하네요. 그러다 밤마다 숫자를 두드리고, 꿈속에서도 보험 약관을 찾아 읽을 것만 같아서요.

운화: 호호, 그건 정말 위험하죠. 분명 **덕후처럼 많이 아는 건 중요**합니다. 그렇지만 **보편성을 잃으면 곤란**해요. 늘 **대중의 감각을 잃지 않고, 세상과 연결되어 있어야** 해요. 그래서 시간 관리도 중요합니다. 쉴 땐 제대로 쉬고, 사람들과 편하게 웃을 수 있는 여유도 꼭 필요해요.

수림: 너무 당연한 이야기라서 이건 따로 메모할 것도 없겠네요.

그 순간 작가는 단호하게 고개를 내저으며 차를 들이키다 말고 내 펜을 가리켰다.

운화: 아뇨, 이건 정말 중요해요. 이쯤에서 우리 남편 이야길 해야겠네요.

수림: 남편 분이요?

운화: 네. 이런 표현이 적절할지는 모르겠지만, 예전에 카페를 오픈했다가 대차게 말아먹은 적이 있거든요.

수림: 와우! 흥미진진한데요? 이것도 아껴둔 이야기인가요?

운화: 저도 이렇게 이어지리라고는 생각도 못했네요. 그래도 이런 게 현장감도 있고 좋지 않아요? 우리가 만나는 이유이기도 하고요.

수림: 그건 그렇죠.

나는 다시 녹음기 버튼을 누르고, 펜을 고쳐 잡았다. 더 집중하게 된 건 단순한 호기심 때문만은 아니었다. 그녀의 남편이 카페를 냈던 지역은 최근 임대 매물이 쏟아지는 곳이다. 그래서 나도 얼마 전, 월세 가격을 알아보던 중에 8평도 채 되지 않는 상가가 150만 원을 넘기는 걸 보고는 혀를 내둘렀다. 그런 기억이 있어서인지 그녀의 다음 이야기에 더 끌렸다.

운화: 스타벅스가 우리나라에 처음 들어온 게 언제인지 아세요?

수림: 글쎄요? 전혀 생각해본 적이 없네요.

운화: 1999년이에요. 이화여대 앞에 1호점이 생겼죠. 그리고 투썸플레이스는 2002년에 신촌에서 1호점을 열었고요. 그때부터 프랜차이즈 카페들이 본격적으로 늘어나기

시작했어요. 스타벅스 100호점이 2004년에 문을 열었을 정도니까요. 지금이야 다들 원두커피 맛에 익숙하지만, 그 당시엔 이제 막 아메리카노가 입에 붙기 시작한 시기였죠.

수림: 그렇다면 남편 분이 개업했던 시기가……?

운화: 네, 딱 스타벅스 100호점이 생기기 직전이었어요. 원두커피가 본격적으로 대중화되던 시점이죠. 말만 들으면 굉장히 낭만적으로 들리죠? 이제 막 움직이기 시작하는 시장에 올라탔다는 의미니까요.

수림: 그런데 잘 안될 이유가 있었나요? 말 그대로 태동기라서 힙했잖아요. 저도 기억이 나요. 제가 전역해서 복학했을 때였죠. 점심 먹고 아메리카노 한잔씩 들고 다니는 학생들이 보이더라고요. 분명 입대 전에는 못 보던 풍경이었는데 말이죠.

운화: 그러니까요. 사람들이 맛이라는 걸 알고 그랬겠어요? 기존의 믹스커피나 다방커피보다 덜 달고, 깔끔해서 좋았던 거죠. 산미나 바디감, 풍미 같은 걸 제대로 알고 마셨겠냐는 말이죠. 그런데 남편은 바리스타라는 말이 생겨

날 무렵부터 진지하게 커피를 공부했어요. 그러고는 프랜차이즈가 아니라 직접 생두를 골라 로스팅을 하는 개인 카페를 열었죠. 지금 생각해도 남편은 정말 앞서 있었어요.

과거를 더듬는 눈빛에서 남편을 향한 애정이 묻어났다. 좋아하는 대상을 향했던 순수한 열정. 그래서 그녀의 눈에는 그가 더 빛나 보였을 테다. 하지만 안타깝게도 사업은 망하고 말았다. 사업체의 대표가 스스로 마니아라서.

운화: 정말 열정적이었어요. 이제는 흔한 정보가 되어서 인터넷에서도 쉽게 찾아볼 수 있지만, 그 당시에는 제대로 공부한 사람도 적어서 남편이 대단해 보였어요. 심지어 메뉴판도 특별했어요. 같은 아메리카노일지라도 원두에 따라, 로스팅 방법에 따라 다르게 표시했으니까요.

수림: 그건 좀 위험했겠군요. 대단히 모던해 보이기는 해도 문턱이 너무 높잖아요. 일단 저부터도 주문하지 않고, 다른 집으로 갈 거예요. 하하!

운화: 바로 그거죠. 저도 답답해서 여러 번 했던 말이에요. 어떤 원두가 어떻게 더 좋고, 조리법에 따라 맛이 어떻게

PART 3. Knowledge: 그냥 지식이 아닌 전문적 지식

변하는지는 일반인들이 알 수도 없고, 알고 싶어 하지도 않는다고요. 쉽고, 단순하면서, 분위기 있고, 맛있으면 그게 전부라고요. 그런데 그때는 이해하지 못하더라고요.

수림: 확실히 그건 그래요. 내가 많이 안다고 해서, 그 눈높이에 맞는 고객을 찾기란 쉽지 않죠. 혹여 찾는다 해도, 그들은 소수에 불과하거든요. 판매하는 상품이 대단히 비싼 재화라면 해볼 만도 해요. 가치를 아는 사람에게 높은 가격을 제시하고, 거래하는 거죠. 하지만 현실은 달라요. 일정 수준 이상으로 올라가면, 판매 회전율이 급격히 떨어지니까요. 비싸고, 특별하고, 마니아들이 가치를 알아줄 법한 것들은 그 수요가 매우 한정적이더란 말이죠.

운화: 오! 대단히 잘 아시네요.

작가는 박수까지 처주었다. 괜히 머쓱해진 나는 머리를 긁적였다.

수림: 출판업을 하기 전에는 유통업을 하는 회사에 있었으니까요. 그때 전략이 딱 그랬어요. **일반인보다 더 잘 아는 전문가가 되어서 일반인을 상대로 판매를 하자.**

운화: 네, 제 주장과 정확히 일치하네요. 이 이야기를 할 때마다 꼭 덧붙이는 말이 있어요. 마름모꼴 구조에서 **내가 뾰족한 정수리 위치에 있어야 하는 건 맞지만, 그렇다고 그 위치의 소비자에게만 상품을 팔겠다고 고집하면 곤란하다**고요. 대신 마름모의 가운데, 가장 넓게 벌어진 귀퉁이 즉, 보편적인 일반인이 모여 있는 쪽을 향해야 해요. 그렇지 않고 내가 최고라고 생각하는 가치에만 매몰되면, 외로워지는 거죠. 그게 제 남편이었고요. 실제로 건너편 카페에는 사람들이 문턱이 닳도록 드나들어도, 남편 카페는 조용했어요. 어쩌다 오는 고객들은 메뉴판을 보고 당황해 했고요. 그런 사람들이 하루 매출에 보탬이 되더라도 다시 찾지 않는 거죠. 그래서 망했어요, 보기 좋게.

그래도 아쉬움은 없는 눈빛이었다. 이쯤에서 남편의 생각도 한번 들어보고 싶다는 생각이 들었을 때, 오히려 내가 예상하지 못했던 질문을 받았다.

운화: 음, 갑자기 궁금해졌어요. 대표님 출판사 이름은 왜 '마이티북스'인 거예요?

수림: 이건 감이 좋은 걸까요? 아님, 이미 알고 있으면서

물어보는 걸까요?

운화: 그게 무슨 말씀이죠?

수림: 딱 지금까지 하던 이야기의 연장선이 되는 답변이 될 테니까요. 그러니까 마이티북스로 정한 건 단순히 대중에게 거부감 없이 친근하게 접근할 수 있을 거 같아서였어요.

운화: 호호, 정말 제가 감이 좋았네요. 사실 대표님이 얘기하는 걸 듣고는 딱 그럴 거 같단 생각을 방금 했거든요.

수림: 네, 요즘 출판사 상호를 살펴보면 '○○북스' 형태가 많더라고요. 그래서 저도 트렌드를 따라야겠다고 생각했고, '마이티'가 어감이 좋더라고요. 대중이 한번쯤은 들어봤을 법한 이름, 그러면서도 뜻이 좋은 이름. 그래서 검색을 해보고 결정했어요. 실제 영어권에서는 서로 쓰고 싶어서 경쟁하는 상호 중 하나더라고요. 그래서 더는 고민하지 않았죠.

운화: 그 시절의 남편도 그런 센스였다면 얼마나 좋았을까요? 결과적으로는 지금 잘살고 있지만, 적어도 낙담한 얼

굴을 안볼 수도 있었을 텐데 말이죠.

아쉬움은 없지만, 남편을 향한 애정이 가득한 눈빛이었다. 나는 또 괜히 머쓱해져얼마 남지 않은 커피를 들이켰다.

운화: 이번 이야기를 단순히 대중적인 감각을 지닌 전문가가 되자는 데서 그쳐서는 안 돼요. 그건 모두가 바라는 초격차와 연결되는 시작점에 불과하니까요. 대중을 끌어안은 시장을 형성했다면, 그 이후부터는 마니아도 만족할 수 있는 상품을 제공해야 합니다. 그리고 그렇게 되면 그때부터는 경쟁자들과 남다른 속도로 차이가 나죠. 한마디로 시장에서 단독 질주를 하게 되는 겁니다. 이걸 개인의 업무 역량과 연결 지어 생각해본다면, **포괄적이고 일반적인 경험을 형성한 후, 디테일하게 영업 표적을 설정하고 좁혀나가라**는 의미가 되겠죠.

수림: 처음부터 타깃을 설정하는 게 아닙니까?

운화: 예를 들어볼게요. 처음부터 '나는 연 매출 몇백억 기업 CEO들만 상대할 거야.'라고 목표를 세운다고 해서 그게 마음처럼 바로 될까요? 방금 제가 일반적인 사업의 진

행과 개인의 업무 역량을 연결해서 이야기했죠? 이 부분을 다시 짚어볼까요? 잘 아시겠지만, 직접 실행해 보고, 경험하는 과정에서 자연스럽게 내 진짜 타깃이 누구인지 보는 눈이 생깁니다. 즉, **선행되어야 하는 건 경험을 통한 보편성 획득**이란 얘기죠. 그럼, 보편성을 획득할 때쯤에는 이미 지속적인 매출이 이루어지고 있을 겁니다. 이때가 더 높은 곳을 향해 계단을 밟아나갈 타이밍이죠.

아는 것을 안다고 말하기란 참 어렵다. 그럴 수 있으려면 스스로 충분한 소화를 마친 상태여야 한다. 개념을 정리해 타인에게 전달하며 가르칠 수 있을 정도가 되려면, 적어도 그 지식과 관련해서는 전문가가 되어 있어야 한다는 얘기이다. 또 그 수준이 되려면, 적지 않은 시간을 투자해야 한다. 그런 1인이 내 눈앞에 앉아 있다.

운화: 그럼, 이번 이야기는 이 정도로 마무리할까요? 참, 정말 재미있는 사실 하나 알려드릴까요? 그렇게 폭삭 망했던 남편이 지금 뭘 하고 있을까요?

수림: 글쎄요.

운화: 제 팀원이 되어 함께 일하고 있어요.

수림: 네? 같이 일을 하신다고요? 그것도 팀원으로?

운화: 네, 저도 정말 의외였는데, 지금은 누구보다 세일즈를 잘하는 사람이죠.

수림: 허허, 이거 참 대체 얼마나 더 재미난 에피소드들을 숨기고 있는 건가요?

운화: 호호, 이건 숨길 생각 없었어요. 다만, 아직 꺼낼 차례가 아니라고 생각했죠. 그럼, 남편 이야기를 조금 더 풀어보도록 할게요. 정말 우리 남편만큼 좋은 사례가 없거든요.

수림: 그럼, 후다닥 끝내버리죠! 궁금한 거 묵혀두면 병납니다, 하하!

운화: 아니요, 딱 한 가지만 더 이야기하고요.

난 힐끔 시계를 봤다. 벌써 2시간이 훌쩍 넘어가고 있었지만, 문제가 되지 않았다. 그게 무엇이든 궁금한 것보다는 나으니까.

공부를 멈추는 순간 내 시장성도 멈춘다

운화: 이번에 할 이야기는 매우 단순해요.

수림: 얼마나 단순하죠?

운화: '1+1=2' 딱 그 정도로요.

수림: 그럼, 따로 메모할 필요도 없겠군요.

운화: 네, 기억하기도 쉬울 겁니다.

수림: 정말 펜을 놓겠습니다. 녹음기만 틀어둘게요.

운화: 녹음기도 필요없어요.

수림: 네? 그 정도로 간단하다고요?

운화: 네, 진심으로요. 한 번만 말할 테니 집중해서 잘 들어주세요.

수림: 물론이죠.

운화: **한번 시작했다면 멈추면 안 돼요. 공부를 그만둘 생각 따윈 접어요. 계속 공부해야 합니다.**

수림: …… 이게 끝인가요? 정말로요?

운화: 네, 끝!

수림: 아니, 어떤 부연 설명도 없다고요?

운화: 네, 필요 없어요. 그냥 믿고 계속 공부만 하면 됩니다.

수림: 아니, 그래도요. 하물며 교과서도 마지막 페이지는 있잖아요. 그럼, 꾸준히 반복해서 숙지해야 한다. 이런 의미인 걸까요?

운화: 아뇨. 세상은 계속 변화하고, 발전하잖아요. 시장도 마찬가지고요. 상품도 그런 변화에 따라 계속 바뀌죠. 그런데 상품만 그럴까요? 생각해 보세요. 우리 대학생 때만 해도 인터넷이란 단어는 있었지만, SNS라는 단어는 없었어요. 오래전부터 사용한 듯해도 이제 겨우 10년 되었나요? 또 UCC라는 개념이 있었고, 플랫폼도 있었지만, 이제는 다들 유튜브만 이용해요. 처음부터 유튜브만 있었던 것처럼요. 그러니 더 복잡하게 설명할 것도 없습니다. **시장은 살아 움직이는 생물처럼 계속 자라나고, 변화합니다. 이런 흐름 속에 있는 우리는 계속 공부해야 하고요.**

수림: 맞는 말씀이네요.

정말 녹음기조차 켤 필요가 없었다. 멀리 생각할 것도 없이 출판업만 생각해 봐도 지난 10년간 많은 게 바뀌었다. 그렇다. 학교는 진즉에 졸업했다지만, 공부가 끝날 리는 없다.

서단장 스토리 ③

어설픈 지식으로는 버틸 수 없다

낮아 보이는 문턱일수록 경쟁은 훨씬 더 치열하다. 가장 흔한 예가 있다. 바로 '막일'이다. 많은 사람이 "갈 데 없으면 막노동이라도 해야지."라고 한다. 하지만 이렇게 말하는 사람이 실행으로 옮기는 모습을 본 적이 없다. 설령 빚 독촉을 받는다고 하더라도 조금이라도 몸이 편한 일을 찾는다. 정말 돈이 문제라면 자신의 노동력에 대한 값을 제대로 셈해주는 곳을 찾아야 하는 게 맞지만, 그러질 않는다는 뜻이다.

물론, 더 편하게 일하고 싶은 인간의 욕구 외에도 이유가 있다. 막일도 진입 장벽이 예상보다 낮지 않기 때문이다. 학력 걱정 없이 그저 체력만 좋으면 될 줄 알았지만, 아니다. 누가 봐도 괜찮은 일감은 이미 그 분야에 잔뼈가 굵은 사람들이 차지하고, 일거리가 오기만을 기다려도 경력이 없으니 차례가 돌아오지 않는다. 심지어 일감에 비해 훨씬 많은 인원이 모인다.

이런 사정은 보험 영업도 마찬가지다. 겉으로 보기에는 문턱이 낮아 보이는 건 확실하다. 학력도, 이전 경력도 크게 문제 삼지 않으니까. 그리고 계약만 성사되면 성과금도 적지 않다. 이런 부분만 보면 제법 괜찮은 일이다. 그러나 레드오션도 이런 레드오션이 없다. 그만큼 영업인이 넘쳐난다는 얘기다. 따라서 나만의 전략이 있어야 한다. 여기에 관련 전문 지식을 쌓아야 하는 건 기본이다.

그래서 막상 영업을 해보면 쉽지 않다. 이러한 이유로 일부 보험사와 대리점 채널에서는 사원 수를 늘리는 데 집중한다. 말 그대로 나이도, 학력도, 경력도 따지지 않고 불러 모은다. 개개인의 능력이 어떨지는 몰라도 가족과 지인은 있기 마련이라서 매일 같이 신입사원을 뽑는다. 그러다 재능 있는 사람을 만나면, 가뭄에 단비를 만났다며 좋아한다. 이 업계에서 심심찮게 들을 수 있는 "어느 구름에서 비가 내릴지 모른다."는 말은 이런 정황을 대변한다.

내가 외국계 보험사를 고집한 이유가 여기에 있다. 금융에 대해 제대로 알고 싶었고, 업계에서 전문가가 되어 인정받고 싶었다. 이에 따라 문턱이 너무 낮은 곳보다는 인원 선별의 기준이 있는 곳을 먼저 고려했다. 그렇다고 해서 진입 장벽이 엄청 높지는 않았다. 업체마다 차이는 있었지만, 내가 입사할 당시에는 대략 대학 졸업자, 사회 경력 2년 차 이상, 기혼자 정도가 전부였다. 이런 기준을 대수롭지 않게 생각할 수도 있지만, 지원자들의 마음에 여러 작용을 하게 된다. 적어도 내겐 확실히 작용했다. 일을 제대로 하겠다면, 그 의지에 걸맞은 자격을 스스로 갖추어야 한다고 판단했으니까.

한편, 나는 일반 영업직에서 관리자로 전향한 이후로 줄곧 원팀(One-team)을 강조하고 있는데, 핵심은 단 하나다. 기본을 해낼 만한 사람과 함께한다는 것. 쉽게 말해, 면접자의 학력을 문제 삼지 않지만, 전문가가 될 의지를 품고 있는지, 앞으로 전문가가 될 가능성이 있는지를 꼼꼼히 살핀다. 이렇게 내가 아무나 면접을 보지 않고, 아무나 섭외하지 않기에 업계에서 깐깐하게 사람을 뽑는다고 소문이 났다. 그래도 조금도 기분 나쁘지 않다. 사실이니까.

그럼, 보험 영업인은 어떤 전문 지식을 갖춰야 할까? 아래는 당장 떠오르는 부분만 나열한 내용이다.

1. 상품 정보
2. 세금
3. 고객 이해
4. 제안서 구성
5. 경제 흐름
6. 경쟁사 상품
7. 인문학적 이해

당장 보기에 의아하게 다가오는 것도 있을 테지만, 분명 모두 필요한 항목이다. 보험 영업인이 되겠다면 이 중 하나라도 부족해서는 안 된다. 문제는 많은 영업인이 이런 기본 지식을 쌓고 있지 않다는 사실이다. 보통은 단편적인 지식만 있어도 계약을 성사시킬 수는 있다. 얼마나 장기적으로 유지하며 늘려갈 수 있느냐와는 완전히 다른 이야기지만 말이다. 초기 몇 개월은 친인척과 지인, 지인을 통한 소개 영업으로 쉽게 버틸 수 있다. 뒤에서 힘내라고 컨트롤해 주는 조직에 기댈 수도 있어서 대부분은 순항한다. 이로 인해 더 많은 지식을 지속적으로 쌓아가야 한다는 점을 잊는다.

당연하지만 무감각해지면 추락만 기다리고 있다. 매출이 지속적으로 발생하기보다는 벽이 나타나고, 그 벽을 넘지 못하는 건 안타깝게도 자신의 역량이 부족해서다. 이런 모습이 잘 드러나는 사례는 국내 보험 상품 역사에서 찾아볼 수 있다. 1990년 후반에 탄생한 '변액보험'이 그 주인공이다. 변액보험은 분명 이전 보험들과는 성격이 달랐다. 이전까지의 상품들은 만기환급금이 고정된 형태였으나, 변액보험은 만기환급금을 안정적으로 보장받는 형태가 아니었다. 보험료의 일부로 진행되는 투자에 따라 성과가 좋다면 일반 은행 예금 이자보다 훨씬 큰 이익을 얻을 수 있지만, 반대로 성과가 좋지 않다면 원금 보장이 되지 않아 손실을 볼 수도 있다. 쉽게 말해, 변액보험은 기존과는 다른 투자 성향의 상품이라 납입 과정에서 손실 구간에 정체해 있을 수도 있고, 최종적으로도 예상보다 적은 금액을 수령할 수도 있는 형태다. 보험 영업인이라면 이에 대한 전문적인 지식을 명확히 숙지하고 판매해야 했지만, 그렇지 않은 이가 더 많았다. 그 결과, 변액보험 상품이 제대로 정착되는 2000년대 초까지 회사도, 영업인 당사자도 적지 않은 손실을 감당해야 했다. 계약이 유지되지 않아 환수금을 돌려줘야 했기 때문이다.

그럼, 대체 왜 보험사들은 이런 위험한 상품을 판매했던 것일까? 정확히 리스크를 줄이기 위해서였다. 그 무렵은 인플레이션의 영향으로 사회·경제가 급변하는 시기였고, 개개인에게는 재테크의 필요성이 화두가 되었다. 이로써 변액보험은 성장하는 보험사뿐만 아니라 개인 모두에게 필요한 상품임이 분명했다. 일반 상품으로는 가파르게 상승하는 인플레이션을 감당할 수 없었기 때문이다. 특히, 이때 단골 멘트였던 "지금의 1억 원과 10년 후의 1억 원이 과연 같은 수준일까?"라는 질문은 앞으로도 유용할 물음인데, 10년간 수익률 2~3%로는 결코 자본의 가치 하락을 감당할 수 없다는 공포감을 심어주었다. 게다가 이미 외국에서는 변액보험이 판매자와 소비자 모두를 만족시키며 성공적으로 정착을 한 상태였기에 국내에도 빠른 도입이 절실했다.

문제는 이런 시대 변화에 비해 준비가 부족했다. 외국과는 달리 국내는 이제 막 개인들에게 재테크와 연금의 필요성이 알려지던 시기라 영업인들이 급격한 변화를 맞이하기엔 어려움이 있었다. 상품 자체에 대한 이해도가 부족한 걸 단시간에 메울 수는 없었던 탓이다.

이쯤에서 이런 의문이 생긴다. '영업인들이 투자 성향의 상품이라고 위험성에 대한 내용만 계약자에게 잘 전달했다면, 계약 해지까지는 막을 수 있지 않았을까?' 왜냐하면 나도 같은 실수를 했기 때문이다. 그렇다. 부끄럽게도 이건 남의 이야기만은 아니다. 나 역시도 초창기에 잘 알지 못한 채로 변액보험을 판매했다가 역풍을 맞은 적이 있다. 이제 막 대략적인 상품 정보를 배워 영업을 시작했을 때였다. 쓰라린 경험이다.

그럼, 이제부터 난이도를 조금 올려보자. 내가 지금까지 설명한 건 변액보험의 일반적인 성격이다. 쉽게 말해, 깊이 공부하지 않아도 누구나 바로 습득할 수 있을 정도의 내용이다. 하지만 그 아래로 '변액종신', '변액연금', '변액유니버셜'로 나뉘고, 여기서 다시 두 가지 이상을 결합한 새로운 상품도 있다는 데서 이야기가 달라진다. 당연히 모든 상품의 성격도 달라서 수익률에도 차이가 있다. 이뿐만 아니다. 회사마다 운용 방식도 다르고, 사후 관리 스타일도 다르다. 마주한 현실이 이렇다 보니, 일반적인 이해로 변액보험 상품을 판매했던 영업인들은 제대로 이해하지 못했거나, 자신이 이해한 만큼 해당 상품을 계약자에게 권했다는 말이 된다. 게다가 계약 체결만 되면 사후 관리를 하지 않는 담당자가 많았고, 소비자들 역시 계약 이후 전혀 신경을 쓰지 않다가 뒤늦게 주변의 말만 듣고 계약을 해지해 버리곤 했다. 즉, 계약 해지라는 폭탄은 언제 터지더라도 이상할 게 전혀 없는 상태였다.

더욱이 계약자들은 세세한 내용을 다 알지 못한다. 그래서 자산관리자를 곁에 두는 것인데, 막상 주변인과 나의 현재 수익률이 다르다는 이야기를 들으면, 믿었던 담당자에게 배신감을 느낄 수밖에 없다. 그렇게 뒤늦게 상품 설명을 다시 듣는다고 한들, 귀와 마음에 닿을 리도 없다. 그러니 변액보험은 말도 많고, 탈도 많을 수밖에 없었다. 이전까지는 일반인이 일반적인 지식으로도 판매할 수 있었지만, 세상이 변화하면서 전문적인 지식까지 요구되었으므로. 그럼에도 유감스럽지만 영업인들을 단시간에 전문가급으로 양성시키지 못했다. 그 대가로 회사와 계약자 모두가 상품이 제대로 정착되기까지 손해를 떠안을 수밖에 없었고 말이다. 여기에 더해 이익을 본 고객들은 아무 말도 하지 않았지만, 손해 본 고객들은 말이 많았다. 따라서 당시 변액보험은 좋은 상품임에도 불구하고, 오해를 덜어내기까지 꽤 오랜 시간을 필요로 했다.

변액보험 상품이 자리 잡은 현재, 세상은 이제 한층 더 복잡해졌다. 보험 영업인은 청약인의 자산관리자다. 복잡해진 세상에서 타인의 자산을 관리하기 위해서는 이제 훨씬 더 스마트해져야 한다. 당장 보장

받을 보험 상품만을 제시하는 게 아니라, 계약자가 안정적으로 보험금을 납입할 수 있도록 계약자의 주머니 사정을 체크해줄 수 있어야 한다. 그러므로 세법에도 밝아야 하고, 다른 재테크 지식에도 밝아야 한다. 여기서 재테크는 이런저런 상품을 알고 있다고 해서 안심할 수준이 아니다. 주식중개인에 빗댈 만큼 경제 동향을 얼마간 예측할 수 있어야 한다.

가장 중요한 건 인문학적 탐구 자세다. 기본적으로 사람을 향한 호기심을 품고 있어야 한다. 그래야 내 계약자에 대한 이해가 높아질 수 있다. 사람을 향한 순수한 탐구 자세는 우리에게 필요한 삶의 태도다. 단순히 계약 확장을 위해 필요한 요소가 아니라는 말이다. 이유인즉, 타인을 어느 정도 이해했을 때 비로소 진정으로 도움을 주고 싶다는 마음이 생겨서다. 지금 이 순간도 우리 사회는 눈에 보이지 않는 배려와 양보로 지탱되고 있다. 이 진실을 알고 접근해야 한다. 그래야 어떤 일을 하든, 더 많은 기회가 찾아온다. 뜬구름 같은 이야기처럼 들릴 수도 있다. 그렇지만 난 그런 믿음을 가진 사람만을 채용했다. 그리고 그 결과로 오늘도 이 자리에서 일할 수 있다고 믿는다.

맡은 분야에서 전문가다운 지식을 갖추되, 상대에 대한 궁금증을 가져야 한다. 이 문장만 제대로 이해하고 가슴에 새겨도, 적지 않은 기회가 당신을 끌어줄 것이다.

서단장 스토리 ④

관찰은 MBTI보다 더 정확하다

앞에서도 강조했지만, 사람에 대한 호기심은 우리에게 기회를 준다. 단적인 예로, 스티브 잡스를 떠올려보자. 그는 사람들을 관찰하던 중 중요한 사실을 깨달았다. 바로 사람들이 기능만큼이나 아름다움에도 집착한다는 점이었다. 당시 대부분의 기업이 고성능 PC 제작에만 몰두하고 있을 때, 그는 PC의 외관 디자인과 소프트웨어의 폰트 등 세부적인 아름다움에 집착했다. 결과적으로 그가 승부를 건 매킨토시는 시장에서 큰 반향을 일으켰다. 이후에도 그의 이런 디자인에 대한 광적인 집착은 계속되었고, 북미와 유럽에서 '스마트폰'이라는 고유명사를 '아이폰'으로 바꾸어 놓기도 했다. 따라서 스티브 잡스는 이미 고인이 되었지만, 그의 영향으로 현재까지 상품에 인문학적 정서를 입히자는 물결이 이어지고 있다.

여기서 내가 이야기하고 싶은 건 **기본적으로 사람에 대한 호기심과**

관찰 습성은 이타적인 마음에서 출발한다는 점이다. 그리고 이 책을 선택한 당신만큼은 이 마음을 지키고, 키워나갔으면 한다. 이런 자세가 일상에서 여러 기회를 열어주니까.

하지만 수많은 세일즈맨이 방법론에 집중하고, 그를 통한 눈에 보이는 성과에 관심을 보인다. 당연하다. 실적은 곧 삶의 질과 연결되니까. 그런데 단박에 통하는 스킬이나 남들이 모르는 특별한 필살기는 없다. 다만, 어떻게 오래 달리느냐가 관건이다. 다시 말해, 중요한 정보를 내 것으로 만들지 못하고, 계약만 늘려가면서 사후 관리를 제대로 하지 않으면, 달리던 트랙에서 내려올 수밖에 없다.

꾸준히 성장하는 이들은 이를 너무도 잘 알고 있다. 또 누구나 아는 스킬은 이들과 만났을 때 빛난다. 어느 하나 허투루 넘기지 않고, 지속해서 결실을 맺는 덕분이다. 게다가 이렇게 기본에 충실한 영업인들은 자기만의 고객 접근법이 있다. 나 역시 마찬가지다. 눈치가 빠른 사람은 알아챘겠지만, 나의 접근법은 타인을 관찰하는 데서 출발했다.

한편, 최근 몇 년 전부터 MBTI가 유행하고 있다. 사람의 성격 유형을 16가지로 나누어서 보여주는 MBTI는 여러 대중매체를 통해 빠르게 확산되었다. 심지어 영업 교육 현장에서도 MBTI 유형에 따른 접근법을 알려주는 이가 등장하기도 했다.

솔직히 나도 궁금해서 MBTI 검사도 받아보고, 공부해 보려 한 적도 있지만, 이제는 주변인들과 원활한 대화를 위해 E냐 I냐, F냐 T냐 정도만 알고 지낸다. 왜냐하면 이미 내겐 MBTI보다 훨씬 간단하고, 적중률이 높은 나만의 '유형별 접근법'이 있어서다. MBTI가 정말 사람들의 성격 유형을 객관적으로 잘 나타내는 지표인지는 모르겠지만, 나의 분류법은 확실히 내게 제법 많은 계약을 안겨주었다. 더욱이 MBTI는 16가지인데 반해, 내가 유용하게 사용하는 유형은 단순하게 4가지다. **'리더형', '분석형', '대인관계형', '협조형'**으로 머릿속에 정리해 두기도 쉽다. 이는 사내 교육을 통해서 얻은 지식이다. 한마디로 내가 원조가 아니라는 뜻이다. 다만, 이와 관련해 의문을 품고, 현장에서 사람들을 만나며, 데이터를 축적해서 검증한 건 오롯이 나의 몫이다.

나는 많은 사람을 소개를 통해 만났다. 그리고 그때마다 상대를 위한다는 마음으로 관찰했기에, 그들의 개성과 욕구를 충분히 파악할 수 있었다. 그 과정에서 **그들을 효율적으로 돕기 위한 하나의 방안으로 인물 유형을 정리할 필요를 느꼈다.** 이 책을 쓰는 이유도 더 많은 이에게 실질적으로 도움을 줄 수 있는 정보를 나누기 위해서다.

그럼, 제일 먼저 **리더형**에 대해서 알아보자. 리더형은 대부분 사업체를 운영하는 대표이거나, 기업의 간부, 모임의 회장들이다. 이들은 노련해서 결코 먼저 다가서지 않고, 상대를 충분히 지켜본 후 판단을 내린다. **자신의 경험으로 쌓아올린 통찰력에 확신을 가진 이들이라 사람을 평가하는 데 매우 냉철하며, 대화에서 주도권을 가지려 한다.** 또한 **자신에게 이득이 되는 부분부터 명확하게 짚고 넘어가려는 경향**이 있다. 이에 따라 리더형과의 만남은 준비하는 단계에서부터 매우 치밀해야 한다. 사전준비가 조금이라도 허술하다고 판단되면, 청약서 서명 직전에도 사람을 돌려보내는 경우가 허다하기 때문이다. 여기에 더해, 대화할 때는 메시지 전달을 간결하게 해야 한다. 직접적인 결과부터 언급한 뒤, 자세한 설명은 뒤에 배치하는 게 좋다. 그리고 결정권이 확실히 계약자에게 있음을 인지시켜 주는 것도 요령이다. 쉽게 말하자면, "대표님도 아시다시피 이번 상품은 매월 납입 ○○만 원으로, 10년 후에는 ○○%의 수익을 보실 수 있습니다. 의무 납입기간이 n년이라는 점이 있으니, 충분히 검토해 주신 후 말씀해 주시면 감사하겠습니다."처럼 직관적으로 결과에 대한 정보만을 전달하고 선택권을 주더라도, 그들은 시간을 들여서라도 나머지 이야기를 듣거나 제안서를 꼼꼼하게 살펴본다. 그러므로 전달하는 제안서 작성 역시 전면에 축약본을 배치하고, 뒷면에 상세 분석을 해두는 게 좋다.

다음 **분석형**은 내향적인 성향의 사람이 많다. 직업군으로는 공무원이나 교직원, 변호사, 데이터베이스 관리자 등이 다수였다. 이들과의 대화는 전반적으로 매우 조용하고, 무미건조하게 흐른다. **꼼꼼한 성격의 소유자들이라서 수치화된 자료와 출처 근거가 명확한 자료를 선호**

하며, 비교 분석된 그래프나 차트에 만족감을 보인다. 또 리더형과 달리 축약본 제안서부터 보여주기보다는 빌드업이 충분히 이루어진 자료를 선호한다. 결과부터 직접적으로 전달받는 것은 선호하지 않는다는 얘기다. 이는 평소 신중하고 꼼꼼한 성격 탓이다. 본인이 충분히 듣고 수치화된 자료를 검토한 후, 제안자가 논리 전개에 빈약함은 없는지 **다 두드려본 후에야 계약 후 얻게 될 결과를 신뢰**한다. 그러니 제안서도 타사 상품과의 비교 분석 위주로 준비하거나, 어느 상품을 선택하더라도 계약자가 손해 보지 않을 두 가지 정도의 상품을 준비해 제시하는 게 좋다.

다음은 **대인관계형**이다. 이들은 감성적인 소유자로 대화에 늘 생기가 넘친다. 기억나는 직업군으로는 뷰티, 예술, 예능계였으며, 주부가 다수였다. 이들은 옷차림도 원색을 능히 소화하며, 패션 아이템도 다양하게 소화한다. 이는 대화에도 영향을 미쳐 유머러스함을 잃지 않으며, 나의 이야기에도 적절하게 반응을 해준다. 이들에게는 **수치화된 자료보다는 상품 계약으로 인해 얻을 수 있는 정서적 안정이나 장밋빛 미래가 더 중요**하다. 그래서 월납 얼마로 몇 년 후 얼마를 장만할 수 있습니다 같은 설명보다는 "월납 얼마로 몇 년 후에는 아이들 걱정을 하지 않을 수 있습니다." 혹은 "아름다운 집으로 이사를 할 수 있을지도 모르죠."와 같은 말이 훨씬 더 강하게 어필될 수 있다. 만남의 장소도 딱딱한 사무실이나 일터가 아닌, 설렘과 만족감을 줄 수 있는 카페나 사람이 많이 드나드는 맛집이 좋다. 제안서도 앞장에 행복을 연상하게 하는 따뜻한 사진을 삽입하는 게 효과적이다.

끝으로 **협조형**은 말 그대로 사람이 좋은 유형이다. 타인에게 도움이 되는 순간 자체를 기쁨으로 여긴다. 요즘처럼 각박한 세상에 이런 사람이 있을까 싶지만, 정말 그렇다. 이들의 가장 두드러진 특징은 서로가 서로에게 도움이 되고 있다는 사실만으로도 충분히 만족을 느낀다는 점이다. **우리가 필요에 의해 만났을지라도, 기대 이상으로 서로에게 긍정적인 영향을 주고 있다는 걸 알아차리는 순간 마음의 문이 열린다.** 협조형은 다양한 직업군에 걸쳐 있으며, 특히 사람과의 관계가 중심이 되는 사회적 활동에 적극적이다. 또 이들에게 가장 중요한 가치는 신뢰. 그저 진심으로 다가가기만 해도 충분하다. 그리고 그의 도움이 당신에게 얼마나 큰 힘이 되었는지를 솔직하게 표현하자. 그 순간, 그는 누구보다 든든한 소개자가 되어줄 것이다. 팁을 하나 더 알려주자면, 마음을 담은 손편지 한 장에도 진심으로 감동한다. 그래서 말한다. **온라인에서 접하는 정보만으로 세상을 재단하기보다는 직접 현장을 관찰하며 경험하길 바란다.** 세상에는 여전히 온정 넘치는 따뜻한 사람이 많다.

더 깊이 들여다보면 전할 이야기는 훨씬 더 많지만, 이쯤에서 마무리한다. 다시 한번 강조하고 싶은 건, **이 모든 내용은 내가 직접 영업**

현장에서 수많은 사람을 만나고 관찰하며 정리한 결과라는 점이다. 여기에는 성과나 실적보다 사람 자체에 대한 진심 어린 관심이 있었다. 만약 내가 단지 실적을 올리기 위한 수단으로만 이 관찰을 활용했다면, 지금처럼 깊은 이해에 도달하긴 어려웠을 것이다.

나도 사람이다. 그러니까 매달 쉽지 않았다는 뜻이다. 팀원들의 사기를 끌어올리기 위해서라도 실적은 가시적으로 드러나야 했고, 그에 따른 압박과 목표를 향한 갈망, 좌절이 반복되었다. 이럴 때면 굳건하던 믿음조차 흔들린다. '아, 한 건만 더!'라는 절박한 외침이 속에서 치밀어 올라 애간장을 다 태운다. 그렇지만 매번 유혹을 이겨냈다. 그 원천은 특별한 데 있지 않았다. **경험을 바탕으로 판단하고 실행한 데이터베이스, 그 안에서 사람들에게 더 나은 선택지를 제공한다는 믿음, 무엇보다 현재 운용 중인 시스템의 사이클이 결국 옳은 길이라는 확신**에 있었다.

자, 직접 사람을 관찰하며 다가서자. 그렇게 얻게 되는 방대한 데이터가 고스란히 당신의 경험 지식이 된다. 더 많은 기회로 되돌아오게 된다.

PART 4. Attitude
: 아주 기본적인 태도

품격은 겸손에서 출발한다

몇 번이나 녹음기를 돌려봐도 정리되지 않는 부분이 있었다. 태도가 기본이자 전부라는 데는 동의하지만, 대체 어떤 태도가 좋은 태도이며, 그런 태도를 가지기 위해서는 어떻게 준비해야 하는지에 대해서는 아무래도 내용이 빈약했다. 인터뷰를 진행하다 보면 이런 일이 종종 발생한다. 시작은 꾹꾹 눌러 담다시피 기운차게 진행하더라도, 시간이 촉박해지면 후반부에는 자연스레 흐지부지해지는 상황. 하는 수 없이 추가 미팅을 위해 작가에게 시간을 내달라고 연락을 했다. 평소 바쁜 일정을 소화하느라 동분서주하는 걸 알기에 여간 미안하고, 불편한 게 아니었지만, 그렇다고 흐릿한 채로 마무리할 순 없었다.

운화: 물론이죠. 그럼, 늘 만나던 곳에서 같은 시간에 나가면 될까요?

수림: 갑작스러운 요청에도 흔쾌히 동의해 주셔서 정말 고맙습니다. 그만큼 원고의 완성도는 높아질 거예요.

운화: 별말씀을요. 오히려 3P 정신이 확실해서 좋네요.

수림: 3P 정신이요?

운화: 호호, 그건 또 만나서 알려드릴게요.

그러나 작가는 만나자마자 응급실에서 만난 의사 이야기부터 꺼냈다. '3P 정신'에 대해서는 언급할 생각이 전혀 없어 보였다.

운화: 보통 의사라고 하면 어떻게 생각하죠?

수림: 음, 좋은 직업을 가진 사람? 공부를 아주 열심히 해서 성공한 사람? 엘리트? 그 정도가 아닐까요?

운화: 맞아요. 보통 긍정적인 이미지가 먼저 떠오르죠? 병원과 관련해 특별히 나쁜 경험을 하지 않았다면 말이죠. 그런데 전 최근에 좀 불편한 일을 겪었어요. 그래서 의사라고 하면, 예전과 달리 긍정적인 이미지가 먼저 떠오르지는 않아요.

수림: 그럴 수 있죠. 아니, 실제로 그런 사례가 많죠. 어떤 사람은 치료 과정에서 트라우마가 생기기도 하고, 어릴 적부터 병원을 너무 많이 다녀서 특유의 소독약 냄새를 혐오하는 사람도 있고요. 그런 사람들이라면 의사라는 단어에 긍정적인 이미지만 떠올리기는 힘들겠죠. 그런데 최근에 불편한 경험을 했다고 하니 유감이네요.

운화: 그날 매우 당황스러웠어요. 친정엄마와 식사를 마치고 함께 쇼핑을 하러 갔는데, 갑자기 복통을 호소하는 거예요. 그래서 응급실에 갔죠. 식은땀을 줄줄 흘리고, 구토와 설사를 계속하더라고요. 덜컥 겁이 나는 거예요. 얼굴에 핏기가 하나도 없을 정도였으니까요. 게다가 예전에 담낭 결석으로 고생하셨거든요. 그래서 응급실에서 진료해 준 의사에게 질문을 했죠. 이제 어떻게 되는 거냐고요. 그런데 그 의사가 뭐라고 했는지 아세요?

수림: 글쎄요? 보통은 진료 과정이나 증상의 원인 등을 설명해 주지 않나요? 환자와 보호자가 불안하지 않도록 알려주는 게 일반적인 절차잖아요.

운화: 저도 그렇게 예상했죠. 그런데 그 사람은 정확히 이

렇게 대답했어요. "아니, 어떻게 되긴 뭐가 어떻게 돼요? 저녁 먹다가 급체한 걸. 그냥 링거 맞고 쉬다가 약 받아서 가시면 돼요."

수림: 진짜 그렇게 말했다고요? 그것도 짜증을 내면서?

운화: 네, 정말요. 저는 과거 병력도 있고 하니 무서워서 질문을 한 건데, 그 양반은 그날 하루가 힘들었나 봐요. 얼굴엔 짜증을 가득 품고, 귀찮다는 태도로 무시하듯이 얘기했어요. 머리로는 충분히 이해가 가고, 그의 평탄하지 않았을 하루가 안타깝기도 하지만, 감정적으로는 여전히 남아 있어요. 그래서 소심하게 다짐을 했죠. 앞으로 당신이란 사람이 개원할 병원에는 내가 내 발로 찾아가는 일 따위는 없을 거라고요. 호호.

나는 그만 웃음을 터트리고 말았다. 이야기를 들으며 감정 이입이 되려는 찰나에 갑자기 들어온 커브가 나의 긴장을 끊어놓았다. 개원할 병원에는 가지 않겠다니, 정말 귀여운 복수가 아닐 수 없다.

운화: 이게 우리 사회의 정점이라고 볼 수 있죠. 흔히 말하는 '사'자 들어간 의사, 판사, 변호사 같은 전문직들도 별반

다를 게 없다는 거죠. 흰 가운을 입고, 사람의 상처와 생명을 다루는 의사라고 해도 예외가 아니라는 겁니다. **태도는 한 순간에 드러나고, 그 순간의 모습이 곧 그 사람의 인격과 품격으로 기억되죠.** 제가 웃으면서 이야기했지만, 결코 농담만은 아니라는 거예요. 전 진짜 그 의사가 개원을 한다면, 제 발로 찾아가지도 않을뿐더러 제 주변에서 누가 찾아간다고 하면, 일단은 말려볼 겁니다. 환자를 그렇게 대하는 사람에게 굳이 찾아갈 이유가 없으니까요.

수림: 옳으신 말씀입니다.

난 급히 녹음기의 상태를 확인하며 메모를 이어갔다. 분명 놓치고 싶지 않은 에피소드였으니까.

운화: 참, 품격이란 얘기가 나와서 말인데요. 제가 최근에 염려되는 게 하나 있어요. 그래서 교육생들에게 신신당부하는 내용이 하나 있습니다.

수림: 그래요? 어떤 부분이죠?

운화: **명품으로 치장하지 말라**는 거예요. SNS에도 인증을

하지 말라고요..

수림: 조금 의외네요. SNS 계정을 의도적으로 그렇게 꾸미는 영업인도 많던데요?

운화: 네, 하나의 기술이긴 합니다. 본인이 하는 일로 '이만큼 벌 수 있다.'는 이미지를 보여주는 거죠. 그리고 그게 몇몇 소수에게는 통할 수도 있어요. 저도 그 효과 자체를 부정하는 건 아닙니다. 다만, **제가 강조하는 건 꾸준한 운영**입니다. 기술적인 효과에만 기대어 단기간에 매출을 반짝 끌어올리는 건, 결국 큰 의미가 없다고 보는 거죠.

솔직히 혼란스러웠다. 그녀의 주장과 최근 SNS 분위기가 정반대를 향하고 있어서였다. 또 세일즈맨은 '없어도 있어 보이는 척'하는 게 일반적이라 생각하는 나로서는 물음표가 생겼다.

수림: 하지만 자신의 노력으로 이룬 성과로 명품을 소비하는 게 질타 받을 일은 아니잖아요?

운화: 절대 아니죠. 그런데 세일즈맨은 결국 고객들 덕분에 부를 이루는 사람들입니다. 세일즈맨이 명품을 소비할 수

있다는 건 고객들의 도움이 뒷받침되었다는 얘기죠. 그 사실을 고객들도 잘 알고 있고요. 그래서 명품으로 치장한 영업인을 보면, 고객들은 염려부터 하게 됩니다. '아, 저 사람은 고객의 돈으로 자기 욕구부터 채우는 사람이구나.', '저런 사람에게 돈을 맡겨도 괜찮을까?'라고 생각하는 거죠. 다시 말해, 잠정적인 가망 고객 중에서 그런 영업인을 능력 있는 사람으로 봐주는 경우는 드물어요.

수림: 그렇다면 좀 갑갑하겠는데요? 스스로에게 뭔가를 선물하기도 어렵겠어요.

운화: 꼭 그런 건 아니에요. 어디까지나 과하게 치장하지 말자는 뜻이고, 결정적으로 **태도만 바르다면, 명품을 두르고 다녀도 결코 과하게 느껴지지 않죠.** 스스로 품격을 뿜어낼 수 있는 사람에게는 그런 게 문제 되지 않는다는 말입니다. 결국 품격은 겸손에서 비롯되니까요. 겸손한 태도가 몸에 밴 사람이 굳이 더 잘 보이도록 명품 시계를 차고, 계절감 없는 옷을 입지는 않잖아요.

수림: 아, 바로 느낌이 오네요. 일부러 버클 로고 보이도록 배바지를 고집하는 아저씨들이 떠오르네요. 하하.

운화: 네, 바로 그런 거예요. **스스로 품격을 내보이는 게 아니라 조용히 있어도 품격이 엿보이는 게 중요**하죠. 그건 겸손에서 비롯되고요. 또 그런 사람들은 시간의 흐름 속에서 상대를 감싸는 배려가 읽혀요. 신뢰 형성은 바로 그 지점에서 발생한다고 봅니다. 실제로 제 팀원 중에는 고객과 상품에 관해서는 단 한마디도 하지 않았는데, 고객이 먼저 계약하고 싶다고 요청해서 진행한 사례도 있어요.

수림: 오, 정말요? 어떻게요?

운화: 심지어 그 팀원은 엘리베이터만 탔을 뿐인데 말이죠. 신기하죠?

수림: 네, 얼른 듣고 싶네요.

운화: 그럼, '3초 전략'부터 얘기해야 하는데 괜찮겠어요? 말씀드리려 했던 3P 정신에 대해선 아직 꺼내지도 못 했는데요.

수림: 하하, 그럼요. 오늘 만나자고 했던 건 저였으니까요. 기다리다 보면 듣게 되겠죠.

한결같은 자세는 성과를 부른다

엘리베이터에 탔을 뿐인데 계약이 된다? 이게 정말이라면 대박도 이런 대박이 없다. 게다가 누구나 듣고 따라 할 수 있는 방법이라면, 당장이라도 시도해 보고 싶은 마음이 드는 게 당연하다.

수림: 3초 전략이라고 하셨죠? 그럼, 3초 만에 승부가 난다는 얘긴가요?

운화: 정확히는 **3초 만에 결정 날 수 있으니 항상 준비하고 있자**라는 거죠.

수림: 아, 첫인상과 관련된 이야기인 걸까요?

운화: 역시 센스가 좋아요. 네, 맞아요. 이미지 관리라고 보

면 되겠습니다.

수림: 당장 듣기에는 모호한데요. 늘 최상의 상태만 유지하면 되나요?

운화: 단적으로는 맞아요. **항상 깔끔한 상태를 유지**하는 거죠. 그렇다고 거창한 걸 요구하는 게 아닙니다. 우리가 늘 새로운 옷을 입을 수는 없지만, 깨끗이 세탁해서 다려 입을 수는 있잖아요. 매일 다르게 갈아입을 수는 없더라도, 깔끔하고 단정하게 입을 수도 있는 거고요.

수림: 그렇다고 하더라도 전 도저히 이해가 안 되네요. 혹시 그 팀원이 요즘 잘나가는 배우나 아이돌급 외모였을까요? 그런 사람들은 옷이 조금 후줄근하더라도 호감을 사니까요.

난 농담 반, 진담 반으로 말을 던졌다. 아무래도 이해하기 힘들었다. 그저 옷차림이 깔끔했다고 계약이 되었다니. 그것도 그저 계약자와 같은 엘리베이터를 탔을 뿐인데 말이다.

운화: 호호. 제가 3초와 엘리베이터를 너무 강조했나요?

더 정확하게 말씀드릴게요. 그 팀원은 그저 엘리베이터를 타고 출퇴근을 했을 뿐입니다. 매일 같은 시간에요. 해당 고객도 마찬가지고요. 그러니까 둘은 꽤 여러 번 마주쳤던 거죠. 그럼, 여기서 또 하나의 의문이 생기죠? 아무리 그렇다고 해도 왜 굳이 그 팀원이었을까? 같은 회사에 다니는 사람이 한둘도 아닌데 말이죠. 네, 바로 그겁니다. **꽤 많은 영업인이 그 엘리베이터에 탔지만, 우리 팀원만큼 한결같았던 사람이 없었던** 거죠. 그러니까 미남미녀라서 계약이 가능했던 게 아니라, 태도가 한결같은 사람이라서 계약을 할 수 있었던 겁니다.

순간 한 대 얻어맞은 기분이 들었다. 이야기의 주인공은 늘 깔끔한 옷차림으로 출퇴근하며 업무를 봤고, 거기에 더해 미소도 잃지 않았다는 이야기가 된다. 아마 계약자와의 접점은 가벼운 목례와 대화를 나누었더라도 "몇 층 가세요?" 혹은 "좋은 하루 보내세요." 정도였으리라. 다시 말해, 3초지만 3초가 아니었다.

운화: 그 고객이 같은 엘리베이터를 타는 많고 많은 영업인 중에 왜 우리 팀원을 선택했는지 저 역시 궁금했어요. 그런데 정말 단순한 이유더라고요. 처음엔 인상이 좋다고만 느꼈는데, 지켜보니 충분히 신뢰해도 괜찮겠다 싶었대요. 자

산관리를 맡겨도 괜찮겠다는 생각이 들 정도로요.

엘리베이터는 우리가 잠시 머무는 공간이다. 거기서 우리는 동료들과 잡담을 나누기도 하고, 때로는 통화도 한다. 어디 그뿐인가. 옷매무새도 만지고, 화장을 고치기도 한다. 그러는 동안 문이 열리고, 다른 층의 사람들이 타고 내린다. 출근길는 전의를 다잡는 곳이지만, 퇴근길에는 사무공간과 분리되는 첫걸음이라서 긴장이 풀리기 마련이다. 그런 곳에서 얼마나 마주쳤는지는 몰라도 변함없는 모습을 보여줬다면, 확실히 태도가 습관으로 무르익은 게 분명하다.

수림: 생각하면 할수록 굉장한 일이군요. 3초지만 3년이 누적되었을 수도 있겠고요. 시간의 무게가 말이죠.

운화: 네, 이게 제가 경험한 대표적인 3초 전략의 성공 사례예요. 그래서 태도 관련 교육을 할 때마다 언급하죠. 사실 우리는 타인에 대한 정보를 한번에 입력하기는 어려워요. 그래서 좋은 인상을 남기려면 평소에 본인을 잘 가꾸어야겠죠. 이는 세일즈맨에게 필수 사항이고요. 이보다 **더 중요한 건 무의식중에 비집고 나오는 기본 매너**고요.

엘리베이터 문이 열릴 때마다 타인을 미소로 맞이하는 이야기의 주인공이 떠올랐다. 그가 남자인지 여지인지 성별조차 모르지만, 상관없다. 핵심은 타인을 향한 한결같은 매너다. 다급하게 달려오는 사람을 위해 문을 열고 기다린다거나, 층마다 문이 열릴 때 미소로 먼저 인사를 건네는 모습. 거기에 전문가다운 깔끔한 옷차림은 덤이었을 테다. 그러니까 그 계약은 우연이 아닌 필연이 될 수밖에 없지 않았을까.

운화: 나의 태도와 매너를 가다듬는 게 먼저라면, 다음은 나를 소개할 수 있어야 합니다. 그게 '10초 스피치'예요. 간략하더라도 정확하게 나 자신이 어떤 일을 하는 사람인지 상대에게 인지시키는 거죠. 타인을 배려한 정확한 발음과 톤으로요. 건넨 명함이 구겨져서 버려질 때 버려지더라도 그 순간만큼은 전력을 다하는 겁니다.

3초와 10초. 타인에게 나를 던지는 최초의 순간과 최초의 인사말. 가장 기본적이고 핵심 기술이지만, 누구도 주목해서 전력으로 가다듬지 않는 기술이라는 생각이 들었다.

수림: 이제 K.A.S.H에 대한 감이 좀 오네요. 한마디로 **기본 중의 기본** 아닌가요? 더 정확히는 확실히 다듬어진 기본. 그래서 **누구든 신뢰하고 소화할 수 있는 기본기**. 태권도의 품새 중 태극 1장 같다고나 할까요? 1장은 정말 단순

하죠. 공격 동작으로 앞차기와 정권 몸통지르기만 있지만, 이제 막 노란띠를 두른 입문자와 유단자의 태극 1장은 엄청난 차이를 보이죠. 확실히 유단자의 태극 1장을 보고 있으면, 똑같은 앞차기와 몸통지르기라도 절도가 느껴지거든요. 짜여있는 품새지만, 맞으면 아플 거 같단 생각이 절로 들기도 하고요. 하하.

운화: 네, 제 의도와 좀 비슷한 거 같기도 하네요. 다만, 태극 1장보다는 훨씬 더 다채로운 기술이 포함되어 있어요. 또 실전에서 바로 활용할 수 있고요. 분명한 건 이게 **온전한 나의 것이 되려면, 몸에 녹아드는 시간이 필요**합니다. **부지런히 사이클을 반복**해야 하죠. 제 팀원 중에는 정말 느린 사람이 한 명 있었어요. 본인 입으로도 배우는 게 느리다고 말했던 사람이죠. 겪어보니 정말 행동력도 떨어지고, 습관 형성도 더뎠어요. 그런데 단 한 순간도 멈추지는 않더라고요. 그러더니 7년 차에 커리어 패스를 하더군요.

수림: 커리어 패스요? 그게 뭔가요?

운화: 음, 독립 FP라고 보면 되겠네요. 자세히 설명하면 또 이쪽 업계에 대해 장황하게 설명해야 할 수도 있으니, 이해

하기 쉽게 설명해 드릴게요. 매달 실적이 일정 이상 유지되어서 월 급여가 일반 FP를 상회하는 겁니다. 그 상태로 일정 기간을 또 초과하면 능력을 인정받는 거죠. 직접 더 많은 상품을 다룰 수 있게 되고, 더는 제 잔소리를 듣지 않아도 됩니다. 단순히 매출과 급여 수준으로 따지면, 아르바이트부터 시작했던 사람이 자신의 의지와 노력으로 어지간한 기업의 부장 정도 수준 급여를 받게 된 거죠.

수림: 와! 정말 더딘 사람이 7년간 앞차기와 몸통지르기만 연마했는데, 세계태권도대회에 입상했다는 말처럼 들리는군요. 하하.

운화: 그렇게 연결 지으니 재미있있네요. 호호. 네, 비슷합니다. 정확하게는 훨씬 더 많은 기술을 단련한 게 사실이지만, 다른 데 눈 돌리지 않고, 기본기에 충실했다는 점에서는 정확히 일치합니다.

나는 급히 커피잔을 들어 입을 가렸다. 하마터면 "그럼, 저도 할 수 있을까요?"라고 물어볼 뻔 했으니까.

PART 4. Attitude: 아주 기본적인 태도

기본 태도가 모든 기술을 살린다

수림: 그런데 살짝 심심하긴 합니다. 뭐랄까, 세일즈에 임하는 데 있어 조금 방어적인 느낌이에요. 기술을 제대로 걸어서 상대를 잡아당기는 공격적인 느낌은 아니라는 거죠. '이렇게 얌전한 방법으로 태도를 관리한다고 될까?'라는 의구심이 들 정도입니다.

운화: 그래서 '3P 정신'이 있는 겁니다. 말씀처럼 방어적인 태도만으로는 승부를 볼 수가 없죠. 그래서 강단 있게 자신을 어필해야 할 때는 해야 해요. 그런데 왜 지금까지 지루하게 기본적인 매너와 자세에 대해서만 이야기했느냐고 물으신다면, 3P 정신이 발휘되기 위해서는 반드시 기본적인 태도 형성이 먼저 되어 있어야만 해서예요.

작가의 두 눈을 정면으로 응시했다. 얼마나 진정성을 담아 이야기하는지 확인하고 싶어서였다. 줄곧 그래왔듯이 그녀의 눈빛에는 흔들림이 없었다.

수림: 즉, **기본적인 태도가 형성되어야 3P 정신도 힘을 발휘할 수 있다**는 건가요?

운화: 네, 정확합니다. **3P는 프라이드(Pride), 퍼포먼스(Performance), 프로페셔널 (Professional)**을 의미해요. 태도가 바르게 형성되면, 프라이드는 저절로 자리 잡게 되죠. 태도를 바르게 갖추는 것만으로도 본인이 하는 일과 직업에 대한 자신감과 자존감이 자연스럽게 따라붙는다는 얘기입니다. 그게 확장되면 소속된 배경에 대한 긍지가 생기고, 결과적으로 자기 자신을 진심으로 믿을 수 있게 되죠. 이건 매일 닳도록 정신교육을 한다고 해서 형성되는 게 아닙니다. 스스로 자세를 바르게 갖추어서 마음을 다잡도록 훈련해야 하는 영역이죠.

수림: 바로 이해됩니다. 확실히 그런 부분은 다 큰 성인을 대상으로 아무리 가르친다고 한들 쉽게 바꿀 수 있는 게 아니죠. 변화하겠다는 개인의 의지가 작은 결과를 지속적으

로 만나면서 믿음이 형성되고, 그게 곧 신념이 될 테니까요. 우리끼리 하는 말이지만, 솔직히 스스로 자신을 믿는다는 말만큼 무서운 말도 없잖아요. 그렇게 말할 수 있다는 건 본인이 쌓아온 시간과 경험을 통해 어떤 결과를 만든 사람만이 할 수 있는 거니까요.

운화: 네, 맞아요. 그건 쉽게 말할 수 없는 거죠. 보통은 이룬 게 없어서 스스로를 믿지 못하기도 하고요. 그런 시간이 길수록 태도를 형성하는 데 소요하는 시간, 자신에게 믿음을 쌓는 시간이 길어지죠.

수림: 그럼, 퍼포먼스와 프로페셔널은 뭔가요? 일단 직관적으로 와닿는 프로페셔널부터 물어볼게요. 이건 전문가다운 역량인 걸까요?

운화: 네, 전문적인 지식과 시스템을 운영할 수 있는 능력을 말하죠. 이 또한 기본적인 태도가 형성되지 않은 상태에서는 하나의 이론에 지나지 않습니다. 스스로 신뢰하지 못하면, 타인에게 접근하는 것 자체가 되지 않거든요. 여기서 시스템 운영은 거창한 게 아니에요. 우린 모두 거절당하고, 모두 실패할 수 있습니다. 시스템은 그런 가능성과 성공의

가능성을 모두 열어두고 준비하는 겁니다. 그래서 거절당하고 실패했을 때, 다시 행할 행동 즉, 플랜 B에 대한 안내가 바로 시스템인 것이죠. 그런데 기본적인 태도가 갖춰지지 않은 그러니까 스스로 신뢰하지 못해서 자존감이 형성되지 않은 상태에서는 실패에서 그치고 말죠. 작은 실패 하나에 굳어버리는 겁니다. 가령, 10명의 사람을 만나 9명이 실패하더라도 단 1명이 대화를 진행한다면, 9번의 실패는 실패가 아닌 좋은 경험과 데이터로 남는 것인데, 그런 사실 인지가 안 되는 겁니다. 실제로 거절 한 번에 마치 자신의 정체성을 부정당한 듯한 괴로움을 느끼는 사람도 있어요. 그런 이들에게는 더 이상의 이론교육이 무의미합니다.

수림: 그렇다면 나머지 하나, 퍼포먼스는 뭔가요?

운화: 그게 바로 결정타입니다. 강단 있게 내밀 땐 내밀 수 있어야 해요. 필수적으로 익혀야 할 부분이죠. 문제는 이걸 못하는 사람이 엄청 많다는 겁니다.

수림: 혹시 영업인이 자기가 판매하는 상품에 대해 직접적으로 어필을 하지 못하는 경우가 많다는 말씀이 맞을까요?

운화: 네, 정확히요. 가망 고객을 만나서 접근까지는 잘해도, 결정적으로 상품 제안서를 건네지 못하는 영업인이 정말 많아요. 바른 태도 형성까지는 잘 해냈지만, 뚜렷한 결과를 보지 못해서 자신감을 키우지 못한 경우죠. 그래서 상대를 위해 이런저런 노력을 기울이면서 상대가 자신의 뜻을 알아주길 기다리는 겁니다.

수림: 공감되네요. 부끄럽지만 저도 그런 적이 많았어요. 상대에게 차마 아쉬운 말은 못하고, 이런저런 뒤치다꺼리만 해주게 되는 상황. 하하.

운화: 호호. 다들 그런 시간을 건너야 성장하니까요. 그런데 이런 경우는 흔하죠. 우리 일상에서도 일어나는 일이고요. 당장 아이들만 해도 방 청소와 설거지를 하면, 부모님이 알아서 용돈을 주겠지 하고 눈치만 보며 기다리기도 하잖아요. 남녀가 섬을 타는 사이에도 정성을 들이면 상대도 내 마음을 알아주겠지 하면서 시간만 보내고. 각 잡고 사귀자는 말을 먼저 안 하면 상대도 잘 모르는데 말이죠. 아닌가요? 호호.

수림: 듣고 보니 우리 삶 곳곳에 소심한 기다림이 스며있

네요. 그런데 그런 모습이 영업 현장에서도 발생한다는 거죠? 어떤 확신과 자신감이 없어서요.

운화: 네, 모든 건 기본에서 출발하니까요. **바른 태도와 습관이 몸에 배어있어야 스스로에 대한 확신이 서죠. 그렇게 자신감과 자존감이 충만해야 거절로부터 당당해지고, 자기가 판매하는 상품을 당당하게 내보일 수 있고요.**

여기까지 들은 나는 비로소 작가가 왜 이야기를 아껴가며 순서대로 들려줬는지 이해되었다.

수림: 결국 태도와 습관이 자신감을 낳고, 충만한 자신감이 공격적인 영업 기술로 발전한다는 거네요.

운화: 네, 거기에 얼마간의 경험까지 쌓이게 되면, 무서울 게 없어지죠. 다음은 자연스레 **'마술사를 대하는 태도'를 부수게 되는 겁니다.** 그것도 아주 간단히 말이죠.

수림: 마술사를 대하는 태도? 그건 또 뭔가요?

운화: 마술사를 대하는 관객의 태도가 모두 긍정적인 건 아

니잖아요. 삐뚤어진 양반들이 꼭 있어요. 팔짱을 끼고 앉아서는 마술사가 뭐라고 하든 그 두 손만 뚫어지게 쳐다보는 사람들이 있잖아요. 마치 "해볼 테면 어디 한번 해봐."라고 하는 것처럼요. 반드시 속임수를 파헤쳐주겠다면서 말이죠. 호호.

수림: 아, 있죠. 저도 한동안 카드 마술에 심취해서 연습하던 시절이 있었거든요. 그런 사람을 만나면 정말 싫었어요. 연습한 걸 기분 좋게 보여줄 수 있어야 하는데, 손만 쳐다보고 있으니 짜증만 나고. 하하. 그런데 의외로 그런 사람이 정말 많아요.

운화: 보험 영업도 마찬가지입니다. 미팅하자고 약속까지 다 잡고서는 팔짱을 낀 채로 앉아서 제 입만 보고 있는 거죠.

수림: 아, 그럴 때 적용하는 기술이 있다는 거군요!

운화: 아니요, 없습니다. **전 어떤 기술도 쓰지 않습니다**. 굳이 기술이라고 한다면 **단 하나, 질문을 하죠**. 그렇다고 다 짜고짜 질문부터 하지는 않아요.

수림: 음, 쉽게 이해가 안 되는데요? 그럼, 우리가 약속을 잡고 만났다고 가정을 해보죠. 전 지금부터 마술을 보는 관객입니다. 이렇게 팔짱을 끼고 앉아서는 인사도 데면데면하게 하고, 한마디도 하지 않고 있는 거죠. 이럴 때 하는 뭔가가 있다는 거잖아요?

운화: 만났으니 이야기를 하긴 해야죠. 다만, 상품 설명은 일절하지 않습니다. 가방 안에 준비해 온 제안서도 있지만 꺼내지 않습니다. 그저 상대의 긴장이 풀리길 바라며, 일에 대한 제 태도와 신념에 관해서 들려줄 뿐이죠. 그게 전부입니다.

수림: 그럼, 아까 말한 질문은 언제 하는 건가요?

운화: 고객의 반응에 따라 달라요. 제 이야기에 호응하는 분이라면 팔짱을 풀 테지만, 그래도 여전히 방어적인 태도를 보이는 분에게는 질문을 해야겠죠. 그렇다고 대단한 걸 묻지는 않습니다. 그저 **중요하게 생각하는 부분에 대해 물어봐요**. 예를 들면, "미래와 현재 중 어느 쪽에 더 가치를 두고 있나요?", "미래를 준비하는 데 있어 어떤 가치를 최우선으로 두나요?"와 같은 내용이죠.

수림: 그게 효과가 있다고요?

운화: 글을 쓰는 분이 왜 이러세요? 의문형의 효과에 대해서는 잘 아시잖아요.

수림: 그렇긴 하죠. 시작을 의문형으로 던지면, 독자가 본능적으로 답을 하게 되니까요.

운화: 똑같아요. 어떤 답이 돌아오든 그건 그때부터 제가 잘 대응할 문제이지만, **일단 질문을 하게 되면 상대를 협상 테이블로 끌어올 수 있죠**. 저 혼자 쇼를 할 게 아니라 대화를 시작하는 겁니다. 그리고 우린 서로 필요에 의해서 시간 약속을 하고 만난 관계이며, 영업인은 상품을 판매하는 사람이지 결코 을의 입장이 아니라는 걸 은연중에 전달해야 해요. 아무튼 팔짱을 풀게 만들었으면 그걸로 된 겁니다. 그런데도 잘되지 않았다면 다른 문제가 있는 거라고 볼 수 있죠. 그러면 시스템대로 다음 단계에서 고민하거나, 실패 1로 남겨두고 다른 사람을 찾아가면 됩니다.

멘탈도 기본에 달려있다

우린 잠시 대화를 쉬었다. 인터뷰에도 체력이 필요한 법이니까. 시간이 길어질수록 집중력이 흐트러지는 건 인터뷰어나 인터뷰이나 마찬가지다.

수림: 그럼, 결국 태도에서 중요한 건 기본적인 매너가 몸에 익어야 한다. 그렇게 되어야 3P 정신을 자유롭게 발휘할 수 있게 된다. 이 정도로 요약이 가능하겠네요. 그런데 제가 뭘 놓친 건 없을까요? 뭔가 놓친 기분이 드는 건 왜일까요?

운화: 항상 느끼지만 정리를 참 깔끔하게 하시네요. 그런데 놓친 건 대표님이 아니라 저인 듯하네요. 앞서 3P를 이용해서 고객에게 접근해도 얼마든지 거절당할 수도 있다고

했는데요. 여기에 대해 조금 더 세세하게 설명할 필요가 있겠어요.

수림: 좋습니다. 뭐든 디테일할수록 좋으니까요.

난 다시 녹음기를 체크하고, 펜을 고쳐 잡았다. 이번 프로젝트를 위해 장만했던 노트를 벌써 절반이나 썼다. 편집 과정이 만만치 않겠다는 생각에 잠시 눈앞이 어질했지만, 이어지는 그녀의 음성에 정신을 다잡았다.

운화: 숱한 거절과 실패에도 꺾이지 않으려면, 자신감과 신념이 바탕이 되어야 하는 건 물론이고, 여기에 실패 이후 대응할 수 있는 센스도 필요합니다. 그래서 저는 고객과의 미팅을 준비 중인 교육생들에게 늘 두 가지를 명심하라고 합니다. 바로 **긍정적인 마인드와 비관적인 시뮬레이션**입니다.

수림: 극단적으로 달라서 재미있네요.

운화: 네, **영업인은 고객에게 접근하는 순간부터 최종 계약이 이루어질 때까지 항상 긍정적인 마인드로 임해야 하고, 늘 최악의 가능성에 대해서도 시뮬레이션을 해야 합니다.**

쉽게 말해서 전력을 다하는 건 당연하고, 전력을 다해도 얼마든지 실패할 수 있으니 그 다음을 염두에 둬야 한다는 거죠. 그러니까 세일즈맨이 **바른 태도를 장착하여 자신감과 신념이 바로 섰다면, 어떤 실패를 맞이하든 멘탈이 깨지지 않을 겁니다.** 하지만 **다음 대응으로 바로 넘어가는 건 또 별개의 문제**란 말이죠.

수림: 그러니까 스스로 업무를 진행해야 하고, 실패 이후에도 일은 진행되어야 하니까 여러 가능성을 머릿속에 담고 있어야 한다는 얘기군요.

운화: 맞아요. 최악은 아무래도 계약이 진행되지 않거나, 계약을 진행했다고 하더라도 한두 달도 유지 못하고 해지되는 상황이겠죠. 이런 가능성을 계약자가 청약서에 날인하기 전부터 염두에 두고, 그에 대한 대비책을 가지고 있어야 해요. 가령, 해지가 된다면 환수금을 돌려줘야 하니 계좌에는 그만큼의 여유가 있어야 하겠죠. 이건 정말 최악인 겁니다. 영업인에게도, 회사에게도. 다음 차악도 생각해 보죠. 노력과 시간을 들였지만, 계약이 이루어지지 않은 겁니다. 그럼, 어떻게 해야 할까요?

수림: 글쎄요, 바짓가랑이라도 붙잡고 사정을 해봐야 할까요? 아니면 바로 다른 고객을 찾아 떠나야 할까요? 이건 경우의 수가 많아지지 않습니까?

운화: 그렇죠. 하지만 제대로 진행해 왔다면, 경우의 수는 그리 많지 않을 겁니다. 다시 말해, 최종적으로 계약이 이루어지지 않았다는 건 이전까지 여러 가능성을 다 두드려 봤다는 뜻이니까요.

수림: 감은 옵니다만, 독자들에겐 조금 더 구체적인 사례가 필요하겠는데요?

운화: 그럼, 시작 단계로 돌아가 볼까요? 대표님이 제 가망고객이라는 가정 하에 제가 접근을 합니다. 부담스럽지 않게 제 소개를 해요. "안녕하세요, 메트라이프금융에서 단장직을 맡고 있는 서운화라고 합니다. 만나서 반갑습니다."

수림: "네, 만나서 반갑습니다. 저는 마이티북스 출판사를 운영하면서 글을 쓰고 있는 문수림이라고 합니다." 저도 이렇게 하면 될까요?

운화: 네, 잘해주셨어요. 자, 저는 이제 대표님의 직업에 대해 알게 되었고, 외형적인 특징을 캐치했습니다. 전 제게 주어진 정보들을 바로 메모할 테고, 그 내용을 기반으로 시뮬레이션을 할 겁니다. 마이티북스 출판사라고 했으니 웹을 이용해 홈페이지를 열어보고, 대표님이 방문자들에게 전달하려 했던 정보 또는 기획에 대해 나름 연구하는 시간을 가질 거예요. 그리고 그간 출간했던 도서들도 살펴보고, 가능하다면 출판물의 대략적인 판매량도 확인을 해볼 겁니다. 그런 다음, 다시 대표님의 옷차림을 떠올려보면서 두 정보를 바탕으로 평소 대표님의 씀씀이와 경제관을 유추해 보고요.

수림: 한편으로는 좀 무섭기도 합니다만, 굉장히 멋진 접근이라는 생각도 드는군요. 3초 전략과 10초 스피치에 대한 평가를 역으로 진행하는 것 같아요.

운화: 바로 그겁니다. **태도가 몸에 배어 숙달이 되면, 상대를 볼 수 있는 눈이 생기는 거죠**. 그렇지만 아무래도 10초만으로는 정보가 부족해요. 여기서 1차 선택을 할 수 있겠죠. 적극적으로 다음 만남을 추진하거나 자연스러운 소통으로 정보를 모아가며 기다리거나.

수림: 아, 무조건 돌격은 아니라는 거군요?

운화: 실적이 매우 급하다거나 처음부터 가망 고객 발굴과 접근이 의도였다면 모를까, 내가 만나는 모든 타인을 당장 내 소비자로 만들면 피곤하죠. 그럼, 이제부터 본격적인 시작입니다. 바로 연락을 해도 거절당할 수 있고, 오랜 시간을 들여도 거절당할 수 있어요. 대표님이라면 어느 쪽을 선택하시겠어요?

수림: 똑같이 거절당할 수도 있다고 생각하면, 시간을 들이기보다는 바로 만남을 추진해 보는 게 좋을 듯해요.

운화: 네, 그럼 바로 연락을 취한다고 가정해 보죠. 연락을 하기 전에 충분히 시뮬레이션을 해야 합니다. 어떻게 만남을 제안할 것인지, 제안을 거절당하면 어떻게 대응할 것인지. 스스로 가이드라인을 준비해야 한다는 말이죠.

수림: 항상 실패할 수 있다고 염두에 두어야 한다는 말이 무슨 뜻인지 이제 제대로 알겠네요. **언제, 어떤 단계에서든 실패하고, 처음으로 되돌아갈 수 있다.** 맞지요?

운화: 네, 그렇지만 이것도 아셔야 합니다. **거절이 진짜 거절일 수도 있고, 현실적인 이유로 다음을 기약하는 거절일 수도 있다**는 걸요. 이 부분까지 확인할 수 있어야 합니다. 3P에서 퍼포먼스를 확실히 할 줄 알아야 하는 이유이기도 하죠. 모든 가능성을 염두에 두고, 확실히 두들겨야 하는 겁니다.

수림: 아, 여기도 구체적인 예시가 필요하겠는데요?

운화: 네, 좋아요. 계속 연습해 보죠. 첫 만남 이후에 바로 연락해 보기로 했으니 지금 당장 대표님에게 연락을 드려보겠습니다. 자, 제가 대표님에게 부담되지 않도록 문자메시지를 보냈어요. 내용은 대략 "출판사를 운영하신다고 해서 연락을 드려봅니다. 평소 출판에 대해 관심이 있어서 그런데 언제 한번 사무실에 방문해 봐도 될까요?" 정도가 되겠네요.

수림: 음, 그럼 제가 답장을 보내야겠죠. 평소 제 성격대로면 이렇게 보내겠어요. "네, 언제든 좋습니다. 단, 주말에는 저도 가족과 시간을 보내야 하니 평일 언제든 연락해 주시고, 방문하시면 되겠습니다."라고요.

운화: 좋습니다. 이렇게 되면 저는 아주 쉽게 약속을 잡은 겁니다. 물론, 두 번째 만남에서 바로 제안서를 내밀지는 않을 겁니다. 아직은 정보가 더 필요하니까요. 그런데 이런 상황이 쉽게 만들어지지 않을 수도 있겠죠. 제가 보낸 메시지에 대표님이 이렇게 답장을 했다면 어떻게 될까요? "관심에 감사드립니다. 그런데 죄송하게도 이번 달에는 제가 스케줄이 빠듯해서 오신다고 해도 안내해 드릴 여유가 없겠네요. 다음 기회에 방문해 주시면 감사하겠습니다."

수림: 아, 거절이군요.

운화: 네, 거절이죠.

수림: 그런데 애매하네요.

운화: 네, 애매하죠. 내용만 봤을 때는 정말 바빠서 이번 달에 시간이 나지 않는다는 것인지, 아니면 정중하게 돌려서 이야기한 것인지를 명확히 알 수 없으니까요. 그래서 두드려 봐야 하는 겁니다. 한 달 정도 후에 다시 연락해 보는 게 가장 자연스럽겠죠. 그때도 바쁘다고 하는지, 다른 이유로 거절을 하는지 지켜보는 겁니다. 여기서 간절함이 크다면,

주변에 출판을 염두에 두고 있는 사람을 찾아서 대표님에게 연락을 해보라고 하는 것도 방법이겠죠. 어쨌든 무슨 방법을 쓰든, **상대가 부담을 가지지 않을 선에서 두드려서 확인을 해봐야 한다**는 겁니다. 그래야 진짜 거절인지, 현실적인 이유로 다음을 기약하는 것인지를 명확히 알 수 있는 거죠.

수림: 자세한 설명 고맙습니다. 최종적으로 거래가 불발되었을 때는 오히려 가능성이 매우 줄어있다는 말도 수긍이 됩니다. 이미 많은 가능성을 제한하면서 좁혀갔으니까요.

운화: 네, 그렇게 좁히고 좁혀서 계약을 했는데 해지가 되었다면, 남은 가능성이란 건 정말 몇 안 되거든요.

모든 것은 이어져 있다. 매우 유기적인 시스템이다. 그런 모든 공정을 영업인 개인의 역량으로 해내게 되는 힘은 결국 기본에 있다.

운화: 핵심은 디테일입니다. 세밀하게 정보를 취합해서 판단하고, 체크할 수 있어야 해요. 그래야 실패의 가능성과 변수를 줄일 수 있습니다. 그리고 명심해야 합니다. 그렇게까지 노력을 기울여도 안 되는 건 보내줘야 합니다. 오늘만 영업을 할 게 아니잖아요? 결국 **모든 노력이 축적되어 내**

일이란 결과를 만듭니다. 그러니 지치지 않고 사이클을 돌릴 수 있어야 해요. **실패하면 다시 다음 고객을 향해 전진하면 되고, 실패는 어디까지나 과정의 일부**니까요.

서단장 스토리 ⑤

세일즈는 태도에서 완성된다

앞서 나는 사사로운 이익 계산에 앞서 진심으로 사람에게 호기심을 가지고 관찰하라고 당부했다. 이 말이 곱게 들리지 않을 수도 있다. 그저 어느 정도 성장한 사람이 흔히 하는 조언이라고 생각할 수도 있다. 더욱이 우리가 살아가는 현재는 구체적인 결과를 바라보며 나에게 이익이 되는지부터 따지게 되는 자본주의 사회다. 이로써 무한 경쟁에서 살아남기 위해 본능적으로 타인에 대한 경계심을 품기도 하는데, 막연히 상대를 위하는 마음을 가지라고 하니 시대를 거스른다고 비아냥거리는 사람도 있겠다 싶다.

그래도 나는 사람이 희망이고, 관계가 기회라는 진리를 경험했기에 강조하지 않을 수 없다. 심지어 이 자세만으로도 이전과는 다른 인생이 펼쳐지기도 한다. 이와 관련해 미국 방위사업체 CEO 빌 스완슨은 그의 저서 《책에서는 찾을 수 없는 비즈니스 규칙 33가지》에서 "당신에게는 친절하지만, 웨이터에게 무례한 사람은 절대 좋은 사람이 아니다."라고 언급한 바 있다. 일명 '웨이터의 법칙'이라고 불리는 이 한마디는, 인간의 기본 인격과 매너가 태도에서 드러난다는 의미를 안고 있다.

설명을 덧붙이자면, 한 고급 레스토랑에서 서빙을 하던 웨이터가 실수로 와인을 쏟았을 때 보인 행동에 따라 전혀 다른 결과와 마주했다는 내용이다. 한 명은 웨이터에게 불같이 화를 냈고, 다른 한 명은 당황하는 웨이터를 오히려 배려해 주며 다독여줬는데, 결과적으로 화를 낸 사람은 거래가 취소되었고, 웨이터를 배려해 준 이는 거래가 성사되었다. 이 이야기가 주는 교훈은 단순명료하다. 자신보다 사회적 지위가 낮은 사람에게 권력을 쉽게 휘두르는 자는 내게도 언제든 그럴 수 있음을 시사한다. 당장은 서로 주고받을 게 있는 거래 관계이지만, 조금만 무게 중심이 달라져도 내게도 함부로 권력을 휘두를 사람이란 뜻이다.

다시 한번 말한다. **기본 매너, 타인을 향한 이타적인 관심과 배려가 진심으로 밑바탕에 깔리지 않는다면, 일상에서 태도로 쉽게 드러나게 된다**. 그런 상태에서는 일시적인 성공은 할 수 있을지 몰라도 롱런은 어렵다. 이런 내 말에 누군가는 모두가 인정하는 성공을 하지 않아서 그렇다고 할 수 있다. 하지만 난 이런 냉소적인 표현을 더 냉소적으로 바라본다. 정작 성공의 반열에 오르더라도 몸에 배지 않은 매너는 주머니에 들어온 돈에도 묻어나서 금방 어딘가로 흘러가 버리게 만드니까.

옛말에도 벼는 익을수록 고개를 숙인다고 했다. **노력해서 지식을 쌓기 시작했다면, 그에 걸맞게 자신의 허리를 굽힐 줄 알아야 한다.** 이타적인 마음으로 주변을 살피며 타인에게 다가서야 한다. **지식만 쌓아서는 타인에게 다가설 수 없다.** 세일즈맨 입장에서 이보다 치명적인 약점이 또 있을까? 상대를 위해 편안하게 웃어줄 수 있는 사람, 배려가 몸에 익어서 거부감이 없는 사람, 그런 사람들이 기억에 오래 남는 법이다.

공부해서 전문가가 되는 건 그 어느 때보다 쉬운 세상이다. 어지간한 정보는 인터넷에 차고 넘친다. 그래서 정보의 가치에 대해 무감각해지기 쉽다. 이미 어디서 들어본 이야기 같아서 곱씹어 보지 않거나, 자신에게 불필요한 정보라 여기며 넘겨버리기도 한다. 이럴 때 필요한 게 일관된 태도다. **나를 드러내기 위해 필요한 게 어떤 기술이 아니란 얘기다.** 아는 만큼 허리를 굽혀서 타인에게 배려를 보일 수 있는 태도. 그런 기본적인 매너가 갖추어진 사람만이 많은 사람과 어울릴 수 있고, 관계 속에서 기회를 만날 수 있다. 그러니 반드시 새겨두자. **세일즈는 결코 지식과 기술로 완성되지 않는다. 태도와 습관이 전부다.**

이 책을 손에 들었다면, 세일즈를 더 잘하고 싶은 의지가 큰 사람이지 않을까 한다. 그리고 나는 그런 당신을 지지하고 응원한다. 또 진심으로 당신이 원하는 바를 쟁취했으면 한다. 그러니 상대를 위하라는 말을 식상하게 받아들이기보다 지금부터라도 의식하며, 삶의 관점을 바꿔보기를 권한다.

서단장 스토리 ⑥

당신만의 불꽃을 태워라

여기까지 읽었을 때, 이런 의문이 생길 듯하다. "그래서 태도를 가꾸기 위해서 어떻게 하라는 건가?", "무의식중에 드러나는 걸 어떻게 제어하란 말인가?" 일단 여기에 대한 내 답은 겁을 주려는 건 아니지만 "적지 않은 노력이 필요하다."이다. 태도를 몸에 익히려면 절대적인 시간이 필요하기 때문이다.

이에 따라 내가 교육생들에게 늘 하는 주문이 있다. 바로 '**자신감 만들기 한 달 전략**'이다. 핵심은 간단하다. 우리가 직접 변화를 주도해 보자는 거다. 단, 결코 거창한 목표를 세우지 않는다. 아주 작은 것, 그렇지만 하지 않던 일을 정한다. 일상의 아주 작은 변화에서 출발해, 습관으로 고쳐, 태도로 익히자는 게 목적이다.

이와 관련한 유명한 영상이 있다. 미 해군대장 맥 레이븐의 "세상을 바꾸고 싶다면 아주 사소한 일부터 하라."는 연설이다. 이는 그의 저서 《침대부터 정리하라》의 "눈을 떠서 침대 정리조차 깔끔히 하지 않는 사람이 어떻게 세상을 바꾸겠느냐."라는 메시지와도 같다. 자신감 만들기 한 달 전략도 크게 다르지 않다. **우선 이런 사소한 변화부터 스스로의 힘으로 이루어보자**는 거다.

나도 교육생들과 함께 목표를 정하고, 아침 침대 정리부터 실천해 보기로 했다. 그리고 현재는 습관으로 완전히 굳은 상태다. 심지어 남편에게도 옮겨갔다. 나와 남편은 한 침대를 사용하지만, 이불은 각자의 것을 덮는다. 그런데 내가 한 달간 내 침구를 정리했더니, 무관심하던 남편도 따라 하기 시작했다. 긍정의 힘이 상대를 물들인 셈이다.

이런 방식으로 작은 변화가 쌓이고 쌓이면, 조금씩 더 큰 목표로 바꿔가는 거다. 이렇게 긍정적인 습관이 쌓여 태도가 되면, 좋은 사람들이 내게 찾아오기 마련이다. 본격적인 영업은 그때 시작해도 전혀 늦지 않다. 그러니 당신도 딱 한 달만 투자해 보길 바란다. 작은 목표를 세워 실천해 변화를 느낀다면, 나 자신이 대견해 질 수밖에 없다. 자신감은 그렇게 찾아온다.

물론, 습관을 천천히 쌓아간다는 건 결코 쉬운 게 아니다. 당장 실적을 내야하니 조바심도 생기고, 직접 이루었다고는 해도 대단한 변화는 아닌지라 의심도 생기기 마련이다. 그런 당신을 위해 '열정'에 대한 생각을 나눠보려 한다.

대부분은 열정이라고 하면, 활활 타오르는 불을 연상한다. 왜 이렇게 인식하게 되었는지는 모르지만, 실제로 빠르게 타오른 불은 빠르게 꺼지고, 결국 재만 남는다. 그래서 나는 **열정을 영원히 꺼지지 않는 불꽃**이라고 표현한다. 즉, 일정 시간 후 사라지는 게 아니라 **목표를 향해 자신만의 속도로 쉬지 않고 달려가는 자세**다. 만일 목표를 바라보며 나아가다가 순간적으로 속도를 잠시 올리게 된다면, 그건 단순한 흥분 상태다. 이런 흥분 상태는 지속되지도 않을뿐더러 실수를 불러일으킬 수도 있다. 이런 이유로 당신은 당신만의 불꽃을 태우길 간절히 바란다.

'광이불요(光而不耀)'. '빛을 갖춰 자신은 밝지만 눈부실 정도로 스스로 번쩍거리거나 빛을 내지 않는다.'는 사자성어다. 이것만으로 충분하다. 세상이 아무리 유혹해도 당신은 당신의 속도로, 곧은 걸음으로 열정을 다하면 된다. 그 과정에서 긍정적인 습관을 하나씩 모아 태도로 장착한다면, 모든 건 시간문제다. 부지런히 시스템의 바퀴를 굴리기만 해도 기대하던 결과와 마주할 테니까. 그러니 조바심내지 말고, 의심하지 말고, 열정을 키워나가자.

PART 5. Skill
: 누구나 할 수 있지만
아무나 할 수 없는 기술

프레임으로 상대방의 관점을 바꿔라

수림: 보내주신 원고, 잘 받았습니다. 실제 그 내용을 바탕으로 조직원 교육을 해왔다는 거죠? 분량이 상당하던데요?

운화: 네. 저도 받고, 제가 해주기도 하고요. 분량은 아마 겹치는 부분이 많을 거예요. 그러니 과감하게 편집하셔도 됩니다. 거듭 이야기하지만, 기술은 그리 중요한 게 아니라서요. 이미 다른 교육기관에서도, 출간된 도서에서도 수차례 강조하고 있기도 하고요. 다만, 언급한 부분들을 신뢰하는지, 소화할 준비가 되었는지, 흔들림 없이 지속할 수 있는지가 핵심이죠.

수림: 하하, 방금 한 말씀에 무언의 압박감이 느껴지네요.

운화: 어째서일까요?

수림: 아무래도 전 최종 편집을 해야 하는 입장이니까요. 쉽게 말하면, 중복되는 내용을 지루하지 않도록 독자들에게 잘 전달해달라는 부탁으로 들리는 거죠. 하하. 아무튼 잘 버무려서 싣도록 하겠습니다.

운화: 역시 이해가 빠르시네요. 그런 의미에서 제가 숙제를 많이 줄여드리죠. 사실 오늘 전할 얘기를 소주제로 나누면 세 갈래가 되지 않을까 했는데, 지금 생각해 보니 하나로 묶어도 될 듯해서요. 주요 키워드는 '프레임 전략' 정도가 좋겠습니다.

수림: 오, 기대됩니다.

운화: 시작은 마케팅 심리에 관한 겁니다. 소비자의 심리를 이용해서 선택을 유도하는 이야기죠. 대표님도 한번쯤은 들어보셨을 겁니다. 양복점에서 옷을 구경하는 손님이 한 명 들어왔어요. 점장이 그 손님에게 다가갑니다. 그리고 이렇게 말하죠. "보고 계신 옷의 소매를 1cm나 3cm 정도로 줄이면, 손님에게 딱 맞을 거 같은데 말이죠."라고요. 그 말

을 들은 "손님은 1cm보단 3cm가 잘 어울리겠네요."라고 답을 합니다. 이 대화에서 혹시 느껴지는 부분이 있을까요?

수림: 뭔가 단계를 건너뛴 기분이네요. "보통은 입어보시겠어요?"라고 권하지 않나요?

운화: 그렇죠. 그런데 "입어보시겠어요?"라는 질문에는 "아니요."라는 답을 쉽게 할 수 있습니다. 반면, "1cm와 3cm 중 어느 쪽이 더 잘 어울릴까?"라는 질문에는 "예." 또는 "아니요."라는 대답보다는 옷을 걸쳤을 때의 모습을 구체적으로 상상하게 됩니다. 따라서 "입어보시겠어요?"라는 질문은 그다음에 해도 되는 거죠. 이미 머릿속에서 걸쳐 봤으니 거울에 비친 모습도 확인하고 싶어졌을 테니까요.

수림: 오, 굉장한 화법입니다!

운화: 미국에서 넘어온 유머 중에 이런 것도 있어요. 교회 목사님 혹은 성당 신부님들이 종종 활용하는 농담이죠. 신도가 신부에게 질문을 하나 합니다. "신부님, 기도하면서 담배를 태워도 될까요?" 그러자 신부가 노발대발합니다. "아니, 어떻게 신성한 하느님과 대화를 하면서 담배를 태

울 생각을 할 수 있단 말인가!" 그걸 지켜본 다른 신도가 시간이 지난 후에 신부를 찾아가 질문을 합니다. "신부님, 담배를 태우면서 기도해도 될까요?" 그러자 신부가 부드러운 목소리로 답해요. "형제여, 기도는 때와 장소의 구분이 필요 없다네."

수림: 하하. 재미난 농담이네요. 기도하면서 담배냐, 담배를 태우면서 기도냐. 그러고 보니 저도 예전에 비슷한 이야기를 하나 들었네요. 여대생이 밤에 술집에서 일하며 돈을 버는 것과 술집에서 일하는 아가씨가 낮에 열심히 학교에 다니면서 공부하는 것. 대체 어떤 쪽이 바람직하냐는 질문이었죠.

운화: 네, 그런데 알고 보면 모두 마케팅에 적용할 수 있는 대화예요. 혹시 지금까지 언급한 대화의 공통점이 무엇인지 아시나요? 바로 **프레임 전략**을 사용했다는 거예요. **대화를 주고받는 상대방의 관점을 바꿔서 내 쪽으로 유리하게 끌고 오는** 거죠.

수림: 잘만 쓸 수 있다면, 대단한 기술이 되겠는데요?

운화: 물론이죠. 또 근본만 잘 이해하면 여러모로 활용도 가능하고요. 예를 들면, 한창 논리적으로 설명한 다음, 마지막 설득을 할 때는 감성에 호소하는 방법이 있어요. 대화의 맥락과 관점을 뒤트는 방식이죠. 상품 설명을 충분히 논리적으로 진행해 기대치를 충분히 올려놓고는 고객이 망설이는 단계에서 감성을 자극하는 겁니다. 결정적인 순간에 이성적인 판단을 흐리게 만드는 거죠. 만일 제가 대표님에게 적용한다면, 처음에는 아이들 실손보험의 필요성과 월납 금액, 폭넓게 받을 수 있는 보장에 대해 유창하게 설명할 거예요. 그러고는 대표님에게 선택을 넘기는 척하면서 마지막에 이 멘트를 덧붙이는 거죠. "20년 뒤 아이들을 그려보세요. 지금은 하나도 몰라도 그땐 분명 아빠의 노고를 알아줄 겁니다. 자신들이 얼마나 큰 울타리 안에서 뛰어놀았는지를 알게 되겠죠."라고요.

수림: 하하. 단순히 대화의 관점만 바꾸는 게 아니라, 논리와 감성의 경계도 무너뜨리네요.

운화: 그 외에도 더 있어요. 가격보다 가치를 부각하는 거죠. 소비자는 기본적으로 가격의 프레임에 갇힐 수밖에 없어요. 소비는 결국 제한되어 있으니까요. 그럴 땐 소비자가

가격보다 제품의 고유한 가치에 주목하도록 이끌어야 해요. 그 기술을 일명 '이해안가자'라고 해요.

수림: 이해안가자? 줄임말입니까?

운화: 네, 지그 지글러가 쓴 《클로징》에 있던 내용입니다. '이익', '해결', '안심', '가족', '자부심' 이 5개 단어의 머리 글자에서 따온 용어죠. 설명을 보태자면, 고객은 상품을 구매함으로써 이익을 얻고, 기존의 문제를 해결하며, 그와 관련한 걱정이 사라진다는 안심을 얻게 됩니다. 나아가 그 결과가 가족에게도 긍정적 영향을 주기에 명분을 확보할 수 있고, 제품을 갖게 됨으로써 타인과의 차별화를 기대하게 되어 자부심도 느끼게 됩니다. 즉, 이 다섯 가지 감정 요소를 자극함으로써, 고객이 상품의 가격보다 그 가치를 더 중요하게 인식하도록 하라는 거죠.

수림: 와우, 사람 심리를 제대로 들었다 놨다 하네요.

운화: 네, 아주 놀라운 기술이죠.

수림: 보내주신 원고에도 다양한 기술이 담겨있던데, 말씀

하신 내용을 모두 마스터한다면, 진짜 무서울 게 없겠어요.

운화: 아뇨, 다시 말씀드리지만, 전체를 마스터할 필요도 없습니다. 기술은 그저 조금 더 용이하게 도와주는 도구에 불과해요. **중요한 건 기술을 마음 놓고 쓸 수 있을 만큼 단련된 자세**입니다. 태도와 습관을 바탕으로 형성된 내재적인 힘이 영업의 결실을 가져오는 겁니다.

내 시선은 조용히 찻잔을 들어 올리는 작가의 손끝을 따라갔다. 거기엔 시간이 묻어있는 손이 있었다. 그간 팀원 교육을 위해 자료를 만들고, 고객을 만나 상품을 설명한 후에 청약서 서명을 받았던, 확실히 다부진 손이었다.

운화: 당장 떠오르는 기술만 열거해도 오늘이 부족할 거예요. 그중에서도 딱 하나만 강조한다면, 이게 아닐까 해요. 많은 영업인이 당연하게 생각해서 놓치기 십상인데, 반드시 할 수 있어야 하거든요.

수림: 그게 뭐죠?

운화: '매출 분석'입니다.

영업직 소득이 불규칙하다는 건 착각이다

운화: 일단 본론으로 들어가기 전에 제가 질문 하나 할게요. 대표님은 사람들이 보험 영업을 기피하는 이유가 뭐라고 생각하시나요?

수림: 글쎄요. 사업이라서 그런 게 아닐까요? 소득이 불규칙한 점도 원인이 될 수 있겠네요. 또 고객을 만나면서 아쉬운 소리를 해야 해서? 잘은 몰라도 여러 가지 요인이 있을 듯한데요.

운화: 모두 다 맞는 말씀이긴 한데, 아무래도 소득이 불규칙한 부분이 커요. 아니, 그렇게 오해하는 거죠.

수림: 소득이 불규칙한 게 오해라고요?

운화: 네, 전부 오해입니다. 왜냐하면 우리도 사업이니까요. 대표님도 소득이 불규칙적이지만, 규칙적이죠?

수림: 무슨 말인지 알 거 같네요. 하하. 네, 맞습니다. 사업을 하는 입장이니 불규칙적이지만, 규칙적입니다. 월 매출은 매번 달라도, 연간 매출은 늘 비슷한 수준이니까요.

운화: 맞아요. 그럼, 그런 데이터가 어떻게 만들어진 걸까요?

수림: 직접 경험하면서 매출 분석을 했으니까요. 그렇게 해야만 가계도 운영할 수 있고요.

운화: 네, **아주 기본 중의 기본이죠. 본인이 직접 데이터를 쌓는 일** 말이죠. 그런데 정말 많은 영업인이 그걸 제대로 못해서 실패합니다.

수림: 네? 정말인가요?

운화: 정확하게 말하자면, 영업직을 사업을 운영하는 일과 같다고 받아들여야 하는데, 그런 인식이 부족한 사람이 많아요. 그래서 대표님처럼 매출을 분석해서 확인하겠다는

생각을 하지 못하는 겁니다. 그저 이번 달은 실적이 좋았다, 나빴다 정도에서 그치는 이들이 태반이라는 거죠. 그들 중에는 이번 달에 누가 도와줘서 실적이 좋았고, 어딜 갔더니 운이 좋았다고 말하기도 합니다. 이렇게라도 알고 있으면 다행입니다. 하지만 어쩌다 매출이 급격하게 오른 걸 본인의 실력이라고 착각하는 경우가 있어요. 그러면서 '아, 이제 때가 되었구나.' 하고 속단합니다. 쉽게 말해, 1,000만 원 이상 버는 달이 생기면, 그때부터 내 급여는 1,000만 원 이상이라고 생각하는 거죠. 그러니 평소보다 더 많은 지출을 하게 되고, 결과적으로 자산관리사가 자신의 자산조차 관리 못하고 가계 펑크가 나버리는 거죠. 믿기지 않겠지만, 통장에 꽂힌 돈 앞에서 흥분해서 메타인지 기능이 안 되는 사람이 꽤 많아요.

수림: 그럼, 매출 분석을 하면 그런 상황을 예방할 수 있는 건가요?

운화: 영업은 결국 마케팅, 마케팅은 곧 확률입니다. 숫자에 답이 있어요. 제가 드린 원고에 '대수의 법칙'이라는 내용이 나옵니다. 그걸 직감으로만 알기보다는 직접 기록을 해봐야 합니다. 그럼 입사 3개월만 되어도 객관적 데이터

가 만들어져요. 반드시 분석해야 할 자료죠.

수림: 구체적으로 어떤 부분을 데이터로 정리해야 한다는 걸까요?

운화: 가장 기본은 세일즈 프로세스 7단계에 대한 복기입니다. 입사 3개월이면 실패의 상처들로 심신이 지쳐있을 때죠. 그렇지만 되짚어 봐야 합니다. 자신의 약점이 무엇인지 정확히 알아야 고칠 수 있으니까요. 신입이니 전반적으로 빈약하다고는 해도, 유독 약한 곳이 있을 겁니다. 가령, 3개월간 최초 만남 성사 실패가 30건이었다면, 상품 설명을 잘 못해서 실패한 경우가 16건이었다는 식으로 그 숫자가 조금이라도 더 많은 쪽이 있을 거라는 얘기죠. 그럼, 그 부분을 보완하는 노력을 해보는 겁니다. 이게 가장 기본적인 매출 분석입니다.

수림: 그렇죠. 결국 **영업인은 개인이 전체 시스템을 완전히 파악해 관리할 수 있어야 성과가 나는 거니까요.** 제대로 기능하지 않는 부분은 약점인 거고요. 그 **약점부터 제대로 파악하고 보완하려면 꼼꼼한 기록이 필요**할 테고 말이죠.

운화: 네, 정확해요!

수림: 음, 그러려면 시간이 뒷받침되어야 하겠는데요? 충분한 데이터를 모으려면 그만큼 시간이 녹아야만 할 테니까요.

운화: 물론입니다. **단박에 되는 건 없어요.** 그래서 **의지와 신념이 중요**한 거고요. 약점을 보완해서 시스템이 얼마간 제대로 굴러가고 있다고 확인되는 시점은 최소 1년 정도가 되어야 합니다. 굉장한 실력자라면 처음부터 실적을 쭉쭉 올릴 수 있을지도 모르지만, 전 보통의 경우를 얘기한 겁니다. 근성 외에는 아무것도 없는 사람이라도 결과를 낼 수 있는 시간 말이죠.

수림: 잘 알겠습니다. 그럼, 매출 분석은 이 정도로 정리가 되는 걸까요?

운화: 아뇨. 많은 분이 매출 분석이라고 하면, 표면적인 실적과 직결되는 부분만 떠올리지만, 훨씬 입체적으로 데이터를 정리할 필요가 있어요. 예를 들면, 어떤 연령층과 직업군이 많았는지, 또 어떤 지역까지도요. 자료를 세세하게

모으란 뜻입니다.

수림: 아, 그게 습관이 되면 자신만의 유니크한 브랜딩 아이템으로 삼아도 되겠군요. 기획 개척으로 진화할 수도 있겠어요.

운화: 네, 바로 그겁니다. 저와 같은 관리직들이 그런 부분을 함께 체크해주면서 개개인의 역량을 강화시켜주는 거죠. 변화하는 시장에 더 유연성 있게 대처할 수 있도록 만들어주고요.

수림: **매출 분석**이란, 한마디로 **입체적인 분석을 통해서 나의 장점을 극대화하고, 약점을 보완하는 데 필요한 지표로 삼는 도구**라는 거군요. 잘 이해했습니다.

운화: 네, 그렇게 1년, 2년을 넘기며 속력을 내서 달리기 시작하면, 그때부터 자신만의 대수의 법칙이 발현되죠. 나는 3할이다, 4할이다 같은 숫자가 만들어지고요. 따라서 소득이 불규칙적이지 않다는 겁니다. 실적 압박이 없다면 거짓말이지만, 실제로 모든 사회인이 회사에서 업무로 실적 압박을 받고 있어요. 형태가 조금 다를 뿐이죠. 대신 했

던 일을 반복만 잘해도 어느 순간부터는 일정하게 실적이 나와 준다는 겁니다. 이건 **수학의 영역이고, 과학의 영역이에요. 개인이 혼자의 힘으로 세일즈 프로세스 사이클을 운영할 수만 있게 된다면, 그래서 매번 전체적으로 비슷한 에너지를 끊임없이 공급만 할 수 있다면, 실적은 크게 달라지지 않게 된다**는 말이죠.

수림: 그리고 결정적으로 그렇게 사이클을 굴릴 수 있는 힘의 원천이 바로 K.A.S.H고요?

운화: 네, 이제는 더 설명하면 입만 아픈 거죠. 호호.

수림: 그런데 전 여기서 또 한 가지 의문이 생기네요. 그럼, 일정 이상의 실적을 기대하기 힘들지 않나 하고요. 매출이 일정하다는 말은 그 이상의 보너스나 실적은 기대하기 어렵다는 말처럼 들리거든요.

운화: 사업을 하시는 분이 왜 이러실까요? 호호. 지금까지 말한 확률과 매출은 어디까지나 본인이 꾸준히 노력해서 얻게 되는 결과입니다. 그러니까 신규 고객 발굴만을 대상으로 했을 때의 매출이란 말이죠. 그렇지만 세일즈 프로세

스 7단계가 최종으로 지향하는 건 기존 고객을 통한 소개입니다. 만약 대표님이 2년 내 3할 타자로 성장했다면, 3년 차부터는 타석에서 3할을 쳐내는 동안 뒤에서 누군가가 찾아와 주는 겁니다. 저절로요. 바로 기존 고객들의 소개, 입소문을 통해서요.

수림: 아, 그렇게 3할이 4할, 5할, 7할과 같이 눈덩이처럼 불어날 수 있다는 거군요. 이거 참, 지금이라도 출판은 접고, 보험 영업으로 전환해야 할까요? 하하.

운화: 다시 말씀드리지만, 이건 어떤 산업 분야든 적용할 수 있습니다. 출판이라고 예외가 아니라는 말이죠. 그러니 제게 교육받았다 생각하시고, 생각을 정리해 보세요. 분명 좋은 힌트를 얻으셨을 겁니다. 스스로 답을 찾으실 거예요.

수림: 말씀만 들어도 설레네요.

운화: 그리고 '소개'에 대해서는 다음 미팅 때 더 상세히 알려드릴게요. 영업 활동의 궁극적인 목표를 이렇게 간략하게 정리할 건 아닌 거 같아요.

수림: 전 그럼, 기대하고 있을게요.

녹음기 전원을 끄고, 펜을 집어넣었다. 몸은 일어서고 있었지만, 벌써 다음 이야기가 궁금해졌다. 많은 이야기가 오갔음에도 여전히 마지막 'H'가 남아 있다는 게 참 흥미롭다 싶었다.

서단장 스토리 ⑦

똑같은 기술도 태도에 따라 가치가 달라진다

특별한 영업 기술을 기대한 이들이라면 의아할 수도 있겠다. 그런데 대담을 통해서도 여러 차례 말했지만, 완전히 새로운 지식이나 기술은 없다. 설령 내가 알려준다고 하더라도 이미 알고 있는 수준에 지나지 않으리라 본다. 그렇기에 지금부터 나눌 내용들은 중요하지만, 중요하지 않다. 즉, 준비가 된 이들에게는 체계적인 교과서가 될 수 있겠지만, 그렇지 않은 이들에게는 그저 단순한 정보에 불과할 수 있다는 얘기다. 똑같은 정보라도 읽는 이의 마음가짐과 자세에 따라 가치는 천차만별이니까.

이 책의 핵심 키워드가 K.A.S.H인 건 이미 다 인지하고 있을 줄 안다. 그리고 이는 모든 세일즈 분야의 기본이다. 다시 말해, 모든 산업의 기본이다. 그렇다면 이 K.A.S.H를 내 업에 어떻게 적용할 수 있을까?

그 전에 '가망 고객'이란 단어를 '소비자 발굴'로 바꿔보자. 내가 보험업을 하고 있어서 자연스럽게 쓰던 말이었지만, 보다 넓고 따뜻한 관점에서 보자면, 후자가 훨씬 사람의 마음을 향해 닿는 표현이라는 생각이 든다. 이로써 K.A.S.H는 **'내가 판매하고자 하는 상품을 기다리고 있던 소비자를 직접 찾아내는 방법'**이 되었다. 이렇게 적어놓고 보니 제법 낭만적으로 다가온다. 그저 생계를 위한 일이 아니라 누군가의 필요를 발견하고 다가가는 일이 되었으므로. 그럼, 이 낭만의 조각을 한 편의 드라마로 만들려면 어떻게 해야 할까? 그 방법을 하나씩 살펴보자.

1. DB
2. 지인
3. 세미나
4. SNS
5. 커뮤니티
6. 개척

크게 여섯 가지 형태다. 다시 말하지만, 이 방법은 결코 보험 영업에만 통하는 게 아니다. 그러니 꼼꼼히 읽어보고 자신의 사업에 활용하기를 권한다.

첫 번째는 **DB 영업**이다. 요즘에는 텔레마케팅이 빈번하다. 개인정보를 어찌 알아냈는지 전화벨이 수시로 울린다. 그래서 많은 사람이 전화를 받기도 전에 수신을 거절한다. 이에 나는 이 방식으로 접근하는 이들에게 두 가지를 당부하고 싶다. 우선, 개인정보는 누구에게나 민감한 부분이다. 그렇기에 사전에 동의를 구했거나 한 차례라도 상담을 했던 이에게만 연락하는 게 좋다. 고객들은 선별 능력이 없으니 우리부터 신중해야 한다는 얘기다. 또 DB 영업 중 하나의 형태로 텔레마케팅을 언급했을 뿐이지, 그 자체에 집중하라는 건 아니다. 이를 염두에 두고 집중해서 따라오길 바란다.

텔레마케팅이 진화할 수 있었던 이유는 정밀해진 DB 축적에 있다. 최근에는 AI의 힘을 빌려 DB 축적이 더욱 방대해지고, 치밀해지고 있다. 단적인 예로, 유튜브나 넷플릭스가 사용자의 선호 장르를 파악하는 과정을 들 수 있다. 만일 당신이 국내 드라마를 한번이라도 클릭했다면, 플랫폼들은 알고리즘을 통해 유사한 형태의 국내 드라마를 우선적으로 추천해 보여준다. 그러면 대다수는 의문을 가지기보다는 거부감 없이 콘텐츠를 이용한다. 우린 이 부분에 주목해야 한다. 이미 **관심을 한번이라도 보인 타깃을 대상으로 잘 다듬어진 상품을 제시한다면, 그렇지 않은 불특정 다수를 상대할 때보다 성공 가능성이 높다**. 이를 근거로 보험사에서는 DB 활용을 적극 권장하기도 한다. 막대한 광고비를 고정적으로 지출하며, DB를 수집하는 이유이기도 하다.

그렇다고 다른 영업 방식보다 안정적이라고만 볼 수는 없다. 한정적인 정보만으로 일방적인 연락을 해야 한다는 명확한 한계가 있기 때문이다. 이에 따라 전화 연결 자체가 안 될 가능성이 높고, 설령 연결이 되었다고 하더라도 안심할 수는 없다. 좋은 상품을 취급하고 있다고는 해도 우리는 상대에게 그저 낯선 타인일 뿐이니까.

따라서 **DB 영업이 성사되기 위해서는 첫 만남의 한 시간이 절대적으로 중요**하다. 이때 프로다운 면모를 보여주고, 고객에게 확신과 신뢰를 심어주어야 한다. 무엇보다 사람으로서의 매력을 잃으면 안 된다. 신뢰는 여기부터 시작된다. 다른 세일즈맨들도 똑같이 전화로 연락하고 찾아왔을 거란 걸 잊지 말자. 고객관리에는 항상 만전을 기해야 한다. 이와 관련한 세세한 대화법은 이미 충분히 공유해 두었다.

두 번째는 **지인 영업**이다. 회사는 자본이 있어서 DB 수집을 쉽게 한다지만, 개인은 아니다. 그래서 개인의 역량이 성장하고, 자본이 축적될 때까지는 회사가 축적한 DB를 제공받거나, 정당하게 일정 금액을 치르고 DB를 구매해야 한다. 대략 그 금액은 현재 기준으로 80~200만 원 정도인데, 결과에 확신이 있다면 충분히 투자해 볼만한 금액이기도 하다. 하지만 이 방법은 얼핏 괜찮아 보이기는 해도 한계와 리스크가 있다. 우선 자료가 방대한 만큼 세밀함이 부족하다. 나이와 성별, 연락처 외에는 주어지는 정보가 빈약하기 때문에 영업인 스스로 분발해야 한다. 특히, 최초 전화 연결에서 결정되는 비중이 커서 신중해야 한다. 유선상으로 이루어질 대화를 충분히 시뮬레이션하고 철저하게 준비를 해서 고객을 끌고 갈 확신이 있을 때 시도해야 성공률을 높일 수 있다는 말이다. DB 구매도 안심할 수는 없다. 개인정보 취급 관리자가 이관되었다는 사실 고지가 제대로 이루어지지 않는다면, 개인정보 유출 문제로 논란이 야기될 수 있기 때문이다.

그렇다면 **가장 안정적이고, 성공률이 높은 DB**는 무엇일까? 바로 **영업인 스스로 현장에서 확보한 DB**다. 우리가 거절당했던 내용까지 모두 말끔히 기록해 둔다면, 그것만큼 쓸 만한 데이터도 없다. 그러나 시간이 너무 오래 걸린다는 단점이 있다. 그렇지만 아직 슬퍼하기에는 이르다. 우리에게는 이미 저마다의 DB가 있다. 바로 가족, 친인척과 지인들이다. 당장 부모님만 해도 직업이 무엇인지, 기호가 어떤지, 어떤 상품이 필요한지에 대해 세상 그 누구보다 잘 알고 있지 않은가. 가까운 친구도 마찬가지다. 그러므로 지인 목록은 세상에서 가장 깔끔하고, 정밀한 DB라 할 수 있겠다.

그런데도 우리가 지인 판매를 우선적으로 하지 않는 건 그간 세일즈 역사가 그리 아름답지만은 않았기 때문이다. 많은 영업인이 오로지 자신의 실적만을 위해 지인에게 필요하지도 않은 상품을 판매한 사례가 있다. 그것도 아주 많이. 이로 인해 부정적인 선입견이 자리 잡혀 있는 게 사실이다. 이를 바꿔 말하면, **부정적인 선입견만 없앨 수 있다면 모든 지인이 곧 기회를 안겨주는 이들로 바뀔 수도 있다**는 뜻이 된다. 이렇게 관점을 돌려놓기 위해서는 상품 판매 주체인 우리부터 지인 영업에 대한 인식을 바꿔야 한다.

다른 일반 고객과 다른 시선으로 봐서는 절대 안 된다. 보험 상품은 모두에게 필요한 상품이다. 보험이 금융업의 중심에 있는 이유다. 우리에게 사건 사고가 터졌을 때, 현실적인 도움을 주는 데 있어 보험만큼 든든한 것도 없다. 이런 보험 상품을 지인에게 판매한 후에 부정적인 피드백을 들었다는 건 보나 마나 뻔하다. 판매자가 자신의 이익만 좇았다는 거다. 아무리 판매 주체의 사정이 좋지 않다고 하더라도 보험 상품은 일방적으로 권해서는 안 된다. 어디까지나 계약 당사자의 현실과 미래의 안녕을 위한 상품이 되어야 한다. 이런 이유로 전문가적인 태도와 지식이 요구되는 것인데, **지인에게 타인보다 더 좋고, 더 합리적인 상품을 설계해 준 게 아니라면, 이는 어디까지나 판매자 개인의 도덕적 결함이자 능력의 한계**다.

한번 더 강조한다. 지인 영업은 지인을 위하는 영업이 되어야 한다. **내가 사랑하는 이들을 지켜주기 위한 상품을 구성**할 수 있어야 하고, 지인에게 합리적으로 필요하지 않다면, 말조차 꺼내지 않아야 한다. 이처럼 상품 판매 주체의 생각이 바로 선다면, 지인들의 생각을 바꾸는 건 결코 어렵지 않다. 이 말은 곧 항상 프로답게 상담하고, 정상적으로 상품을 판매하면 된다는 얘기다. 아니, 오히려 더 정중해야 하고, 더 조심해야 한다. 제대로 복장을 갖추고, 제대로 상품을 설명해야 한다. 양심에 어긋날 행동만 하지 않는다면, 지인이 고객이 되고, 그 고객이 이어서 소개를 해주게 되어 있다.

물론, 일이 잘 풀리지 않으면 지인들부터 떠올리게 된다. 하지만 이는 단기적인 위기를 넘기는 데 그친다. 그러니 지인에게 기대는 마음은 당장 버리자. **내가 지인을 위하는 마음과 내가 지인에게 기대려는 마음은 완전히 다르다. 또 그 마음은 숨기려고 한다고 해서 숨겨지지 않는다. 당신의 말과 태도에서 오롯이 다 드러나기 마련**이다.

세 번째로 알아볼 방법은 **세미나 영업**이다. 영업인 당사자가 강의력이 뒷받침된다면, 세미나 영업만큼 좋은 방법도 없다. 당신이 회사원이라면 종종 목격하지 않았을까 한다. 사내 성희롱예방교육이나 산업안전예방교육을 위해 방문한 외부 강사가 교육을 마친 후, 금융 상품을 소개하는 모습 말이다. 최근에는 은퇴교육을 듣는 일반시민을 대상으로도 활발히 진행하고 있는 영업 형태다.

이런 영업 형태가 유리한 이유는 다음과 같다. 첫째, 기업에서는 의무로 이수해야 할 교육이 있다. 그런데 이를 대행해 줄 사람이 있으면

편리하다. 둘째, 만일 그 비용을 지불하지 않아도 된다면 금상첨화다. 이를 영업에 적용하면, 결론적으로 **의무교육을 무료로 진행해 주는 조건으로 신분이 확실한 예비 고객과 현장에서 만나게 되는 셈**이다. 그들 중 단 1명만 계약이 성사되더라도 무조건 이득이다.

이런 스타일은 다른 업종의 영업인 사이에서도 흥행하고 있다. 어떤 이들은 글쓰기 교실을 개최하고, 어떤 이들은 창업교육을, 어떤 이들은 홈페이지나 SNS 계정 관리법을 알려주고 있다. 모두 무료지만 끝에는 그들이 판매하는 상품을 결제하도록 유도한다.

요약하자면, **세미나 영업은 상대가 원하는 걸 적당히 챙겨주거나, 가진 지식의 일부를 나눠주고, 요구 사항을 전문가답게 제안할 수 있으면 된다**.

다음은 SNS 영업이다. 다들 잘 알겠지만, SNS는 요즘 시대에 빠질 수 없는 마케팅 채널이다. 이제는 의사, 변호사 등 전문 직종인도 각자의 계정을 운영한다. 이렇게 모두가 자기 자신을 알리는 문화 속에서 영업인이 예외가 되어서는 안 된다. 그리고 **이왕 시작했다면 나만의 브랜딩 파워를 보여줄 수 있어야 한다**. 이는 꾸준히 활동하며, 본업에 몰입하는 모습만 보여줘도 충분히 나의 이미지를 전달할 수 있다.

가령, 프로필에 '강원도 자동차손해보험 전문 ○○○'이라고 소개하고, 관련 콘텐츠를 공유하면, 손해보험 중에서도 자동차보험에 집중한다는 명확한 컨셉을 각인시킬 수 있다. 다른 예시도 들어본다. 만일 '보험 인테리어 전문 ○○○'이라고 하면 어떤 느낌이 드는가? 보험과 인테리어라는 두 단어의 조합이 낯설어서 호기심이 생긴다. 이 경우에는 콘텐츠도 두 상품을 비교하는 분위기로 설정하면 좋다.

하나 더 강조하고 싶은 부분은 **선택과 집중이다. 정보성 피드와 일상 피드를 구분**하여 접근해야 한다. 글을 정리하여 적더라도 SNS에서는 이미지가 먼저 전달되기 때문이다. 즉, 이미지 중심으로 전달하는 정보에는 한계가 있어서 컨셉은 명확할수록 좋다. 이 과정에서 조심할 건 당신이 남긴 모든 기록을 누구나 볼 수 있다는 사실이다. 늘 머릿속에 그림을 그리며 업로드해야 한다. 너무 상업적으로 흘러도 곤란하다. 사람들에게 반발심만 일으킬 수 있으므로. 이렇게 꾸준히 관리하여 브랜드 파워가 강해진 후에는 표현 하나에도 경각심을 안고 운영해야 한다. 단 한번의 실수로도 고객들이 등을 돌릴 수 있으니까.

간혹 SNS가 성향에 맞지 않아 불편해하는 이들도 있는데, 그들도 시대가 바뀌었음을 인정할 필요가 있다. SNS도 전문적으로 배워서 해야 한다. 적어도 온라인 프로필이라고 생각하고 관리할 필요가 있다는 이야기다.

다섯 번째로 **커뮤니티 영업**에 대해 알아보자. 인터넷과 SNS의 발달 덕에 각종 동호회, 모임이 급격하게 늘어났다. 영업인들에게 이보다 좋은 기회는 없다. 모임 활동도 즐기면서 자연스레 영업 활동도 할 수 있는 덕분이다. 단, 어디까지나 내가 **그 모임의 활동을 즐길 수 있을 때만 허용되는 이야기**라는 걸 잊지 말아야 한다. 그러므로 만일 당신이 특정 커뮤니티에 가입해서 영업 활동을 하고 싶다면, 가입 전에 내가 그 활동을 얼마나 좋아하고, 얼마나 오래 할 수 있을지 스스로 판단해 봐야 한다.

그렇다면 많은 영업인이 선호하는 커뮤니티는 어떤 곳일까? 바로 CEO 모임이다. 주머니 형편이 넉넉한 가망 고객을 만나길 희망하기 때문이다. 그래서 과거부터 라이온스클럽, 로터리클럽, JC 같은 곳과 인연이 닿길 원했다. 근래에는 최고경영자과정에도 발을 들이려는 이들이 적지 않다. 아무래도 각 분야의 CEO나 전문가를 만날 수 있는 환경이 형성되어 있으니 자연스러운 현상인 듯하다. 그뿐만 아니라 그곳에 소속되어 있으면 일이 잘될 듯한 예감도 든다.

그렇지만 이건 어디까지나 긍정적인 면만 봤을 때의 상황이다. 내 형편이 그에 미치지 못하면, 함께 어울리는 것 자체가 벅찰 수가 있다. 쉽게 말해 업무 일정이 분명 있는데, 다 미루고 골프를 치러 갈 수도 없는 노릇이고, 매번 얻어먹을 수는 없으니 한번쯤 지갑을 열어야 할 텐데, 찾아가는 곳의 소비 단위가 만만치 않다. 이로 인해 함께 같은 공간에 있어도 늘 위축될 수밖에 없다.

CEO 모임에만 해당하는 이야기가 아니다. 책과 거리가 먼데 독서 모임에 나간다면, 과연 그 모임이 재미있을까? 모임에 참석하는 사람들이 하나같이 외계인처럼 보일 게 뻔하다. 당신이 와인을 전혀 즐기지 않는데, 심지어 알코올 분해 효소도 선천적으로 적은 사람이라면, 그런 모임이 즐거울까? 매번 모임이 곤욕일 테다. 운동 모임도 마찬가지다. 내가 운동을 싫어하면, 가입해 봤자 부상만 입을 뿐이다.

사람은 어울리는 옷을 입었을 때 빛이 나는 법이다. 나 자신이 즐거운 모임에 참여해야 그 가치를 제대로 누릴 수 있다. 그러니 5년, 10년을 활동해도 질리지 않을 곳을 선택해라. 거기서 당신이 어떤 상품을 파는 사람이라고 매번 말할 필요도 없다. 오히려 그런 행동은 회원들에게 반감만 산다. 대신 열린 마음으로 적극성만 더해주면 된다. 운영진을 맡아도 좋다. 그 후에는 늘 성실하게 생활하는 모습을 보여주면, 사람들은 자연스레 당신에게 관심을 갖게 된다. 설령 직접 계약하지 않더라도 지인들에게 당신을 소개시켜준다. 그러니 조금도 조급하지 않아도 된다. 알아챘는지는 모르겠지만, 여기서도 몸에 밴 좋은 태도는 결정적인 역할을 한다.

끝으로 **개척 영업**이 있다. 당신의 멘탈이 충분히 강해졌다면, 이 방법을 제안한다. 스스로 테마와 컨셉을 정하고, 무작정 시작해 보는 거다. 이때 필요한 스킬은 앞서 언급했던 **3초 전략과 10초 스피치**다. **단시간에 상대에게 나를 반듯하게 각인시킬 준비가 되었다면, 지금 당장 시작**하면 된다.

혹 시장을 타깃으로 정했다면 전국 재래시장에 들러 명함을 전한다. 또 상가로 정했다면, 전국 상가 빌딩을 다니며 인사한다. 즉, SNS 영업을 오프라인으로 옮겨왔다고 이해하고, 하나의 상품, 하나의 타깃을 특정화하여 거기에 몰두해 보는 거다. 그게 실손보험일 수도 있고, 변액보험일 수도 있고, 오토바이종합보험일 수도 있다. 그게 무엇인지 아무도 모른다. 당신이 처음과 마지막을 모두 기획해야 해서 그렇다. 여기에는 따로 **가이드라인이 없다.** DB가 없다는 말이다. **대신 경험이 쌓일 때마다 모든 데이터가 당신만의 고유한 재산이 된다.** 이게 개척 영업의 매력이다.

아마 직접 해보면 알겠지만, 앞서 다룬 방법들에 비해 시행착오를 많이 겪을 테다. 그럼에도 추천하는 이유가 있다. 자리 잡기까지가 어려울 뿐 중심만 잡으면, 절대 흔들리지 않는 나의 유일한 무기가 되어 나를 나타내는 브랜드로도 성장시킬 수 있어서다. 그러므로 스스로 준비가 되었다고 판단이 되면 망설이지 말고 도전해 보기를 권한다.

아주 작은 팁 하나만 더하자면, 전국 시장과 상가를 돌아다니라고 해서 정말 그렇게 하라는 게 아니다. 그런 열정으로 잘되는 상가를 골라서 접근하는 게 효율적이다. 그리고 재래시장과 상가도 단적인 예시일 뿐, 어떻게 기획하느냐에 따라 크게 달라진다. 예를 들어, 해안가나 농가를 대상으로 화재보험을 제안할 수도 있고, 유학을 앞둔 대학생들에게 여행자보험을 권할 수도 있다.

이건 보험 영업 외 모든 세일즈맨에게 똑같이 접목할 수 있다. 가령, 당신이 골목에서 토스트를 팔고 있다고 해보자. 골목에서 소박하게 장사를 한다고 해서 골목 유동 인구만 겨냥하기보다 온라인을 이용해 골목 인근의 관광 명소나 예쁜 카페를 안내하며, 방문 인증 고객에게는 별도의 쿠폰을 지급해 주는 기획이 곧 개척 영업이다.

서단장 스토리 ⑧

상대를 위한 질문과 경청의 힘을 길러라

"만나서 어떤 질문을 할지 10개만 적어보세요."

내가 가망 고객과 미팅을 앞둔 신입들에게 늘 하는 말이다. 그런데 메모한 내용을 보면, 어렵게 발굴한 가망 고객에게 인간적인 호기심을 보이는 이들이 적다. 대부분 "주민번호가 어떻게 되나요?"와 같은 계약을 위해 본인이 필요한 사실적 정보만을 묻기 때문이다.

내가 별다른 주의를 주지 않고 현장에 보내면, 대다수가 이런 것만 묻고 되돌아온다. 아무래도 이제 막 현장 영업을 시작했고, 태도와 습관이 몸에 배기 전이다 보니 관점 자체가 본인에게만 머물러 있는 탓이다. 물론, 상품 설계를 위해 가망 고객의 주민번호가 있다면 유용한 게 사실이지만, 그 유용함은 설계자의 편의에만 치중된 유용함이다. 가망 고객의 나이와 직업을 기반으로 상품의 대략적인 가격 산출은 빨리할 수 있을지 몰라도, 그 상품이 고객 맞춤형은 아니다. 진짜 필요한 담보가 누락되었거나, 필요하지도 않은 담보가 포함되었거나, 적립금의 최종 형태도 고객이 구상했던 것과는 거리가 멀 수 있다. 한마디로 주민번호를 묻는다는 건 고객에게는 조금도 유용하지 않다는 말이다.

앞서도 여러 차례 언급했지만, 우리는 **고객에게 인간적인 호기심을 가져야 한다**. 그리고 이런 **진심 어린 관심이 바탕이 되어야 고객 입장에서 제법 유용하고, 쓸모 있는 질문이 만들어진다**. 예를 하나 들어보자. "평소 보험에 대해 어떻게 생각하셨나요?"라는 질문이 주민번호보다는 훨씬 유용하다. 또 단편적인 정보를 얻는 데서 그치지도 않는다. 간단하게 보여도 눈앞의 상대를 입체적으로 이해하는 출발점이다. 왜냐하면 이 질문에 "좋게 생각해요."라고 답변할 사람은 극히 드물며, 설령 이렇게 말한다고 하더라도 그 이유에 대해 다시 물어보면서 자연스럽게 대화를 이어갈 수 있다.

이런 유형의 질문이 도움 되는 이유가 또 있다. 사람은 누구나 본인의 기준과 현실적인 환경을 고려해 선택을 하게 되는데, 상대의 평소 가치관을 알게 되면 그에 적합한 상품을 설계해 줄 수 있어서다. 즉, 나와 고객에게 이로운 질문이라는 뜻이다. 그렇다고 단편적인 질문이 필요하지 않다는 건 아니다. 가령, 질병에 대한 가족력을 체크하는 것은 고객이 필수로 챙겨야 할 담보를 우선으로 챙길 수 있다.

만일 이런 질문을 호기롭게 던질 준비가 되어 있지 않다면, 경청의 기술부터 익혀보길 권한다. 우리는 보통 본능적으로 보고 싶은 걸 우선적으로 보고, 듣고 싶은 걸 우선적으로 듣는다. 또 새로운 정보가 입력되었다고 하더라도 자신의 기준에 따라 재정리되어 입력될 때가 많다. 인간은 태생적으로 매우 주관적인 동물이란 얘기다. 그렇다 보니 타인의 말에 귀 기울이는 경우가 흔치 않다. 듣는다 하더라도 대충 듣거나, 듣는 시늉에서 그칠 때가 많다.

경청은 그만큼 힘든 기술이다. 실전에서는 발휘하기가 더더욱 쉽지 않다. **상대의 이야기를 주의 깊게 듣고, 내 주관을 함부로 입히지만 않으면 되는데**, 참 어렵다. 따라서 이 역시 습관 형성이 뒷받침되어야 한다. 다행히 여러 도서를 통해 경청의 중요성을 다루고 있어 많은 사람이 경청의 힘을 간접적으로나마 알게 된 분위기다. 그래도 여전히 아쉬운 점은 있다. 경청을 그저 상대의 말을 끊지 않고 끝까지 들어주기만 하면 된다고 이해하는 이들이 많으니까.

그렇다면 진정한 경청은 무엇일까? 상대의 생각을 편견 없이 듣는 동시에 상대의 주관을 진심으로 이해하는 자세다. **이런 경청이 몸에 배면 뜻하지 않은 기회가 열린다.** 말했듯 상대의 말에는 그의 의식이 고스란히 묻어있다. 그러므로 직접적으로 드러나는 말에서 표면적인 정보를 얻으려 하는 이들과 달리 감정, 망설임 등을 모두 읽어내고, 그 정보를 즉석에서 활용하기도 한다.

그래서 나는 바로 앞에 앉은 사람의 말을 주의 깊게 들으며 메모하는 것도 좋지만, 상대의 눈을 마주하며 그의 생각을 따라가 보라고도 한다. 그 끝에는 더 많은 정보와 기회가 숨어있기 마련이니까.

서단장 스토리 ⑨

진짜 거절과 가짜 거절을 확인하라

　세일즈를 하다 보면 수도 없이 마주하지만, 마주하고 싶지 않은 상황이 있다. 바로 상대의 거절이다. 내가 만나는 모든 가망 고객이 바로 계약으로 이어지지 않으리라는 걸 잘 알면서도 거절당할 때마다 씁쓸함이 밀려온다. 그런데 여기서 초보와 고수가 나뉜다. 그 차이는 거절을 얼마나 덤덤하게 받아들이고, 다음 스텝으로 넘어가는가에 달려있다.

　모든 영업이 마찬가지겠지만, 특히 보험 영업은 무형의 상품을 다루다 보니 아무래도 더 마음을 쓰게 된다. 그래서 일에 진정성을 더 녹이는 만큼 거절을 겪을 때마다 힘이 빠진다. 그렇다면 고수들은 이런 문제를 겪을 때 어떻게 이겨낼까?

　가장 중요한 건 **3P, 프라이드의 형성**이다. 스스로 하는 일에 자부심이 강하다면, 원칙에 대한 신념이 있다면 흔들리지 않게 된다. 여기서 조금 더 기술적으로 보완하자면, 가망 고객이 **정말 거절하고 싶어서 거절하는 것인지, 제안 받은 내용에서 수정을 요구하는 것인지를 명확히 구분할 줄 알아야 한다**. 이 부분에 대해서는 미팅에 앞서 **비관적인 시뮬레이션을 충분히 해보자**고 이미 언급해 두었으니, 여기서는 조금 더 구체적인 대화법에 대해 다루어보기로 한다.

인간에게 거절은 본능이다. **자기 자신을 지키고자 하는 본능, 자신의 자산을 지키고자 하는 본능이 거절을 부른다**. 이를 막을 수는 없다. 만일 상대가 조금의 거절이나 망설임 없이 계약한 무조건적인 예스맨이라면, 오히려 의심을 해봐야 한다. 이는 매우 비정상적이고, 극히 드문 일이기 때문이다. 더욱이 자신을 지키고자 하는 보호본능은 자녀가 상품을 설계해 오더라도 발휘된다. 자식을 위해서라도 상품 설명을 듣기는 하지만, 결정하는 순간만큼은 신중해진다.

현실이 이러하니 어떤 가망 고객을 만나든 몇 번의 크고 작은 위기를 맞이할 수밖에 없다. 숙달된 고수들이 초보들과 큰 차이를 보이는 지점은 여기에 있다. 고수들은 갑자기 나타난 과속방지턱 앞에서 전혀 당황하지 않는다. 어디까지나 판단을 내리기 전에 조심스럽게 움츠러든 자세일 뿐이라는 걸 잘 알고 있어서 함께 속력을 줄여준다. 반면, 초보들은 경험이 부족하다 보니 잠깐 주춤하며 밟게 되는 브레이크 한 번이 거절 의사라고 오해한다. 자신감이 부족하니 실패했다고 속단하는 것이다.

그러므로 거절을 극복하려면 굳건한 신념이 있어야 한다. 그다음에 할 일은 매우 단순하다. 거절을 거절해 보고, 그래도 거절하는 사람에게는 따뜻한 이별의 인사를 건네는 거다. 돌아서면 여전히 많은 가망 고객이 기다리고 있으니까.

실제로 **가망 고객이 계약을 거절하는 데에는 여러 이유가 따라붙지 않는다**. 즉, 상품 제안을 했을 때, 가망 고객들이 거절 의사로 하는 말들이 매우 한정적이란 소리다. 그러니 몇 가지 패턴만 잘 익혀 시뮬레이션만 부지런히 해봐도 평정심을 잃지 않을 수 있다.

이제부터 잘 따라오길 바란다. 거절을 거절하는 기술은 질문과 답변에서 시작된다. 매우 단순하다. 상대에게 먼저 제안을 해보고, **상대가 어떤 이유로 제안을 거절한다면, 정말 그 이유 때문인지, 그저 듣기 좋게 말한 것인지를 확인하는 질문을 해보는 거다**. 구체적으로 예를 들어보자.

영업인: 당신의 문제점을 보완해주는 OOO 상품의 특징은 이렇습니다. 해결책이 될 것 같은데 어떠신가요?
가망 고객: 이건 혼자서 고민할 게 아닌 것 같으니 아내와

상의해 보겠습니다.

앞서 비관적인 시뮬레이션에서 보여주었던 방법의 연장선이다. 영업인의 제안에 가망 고객은 결정권이 아내에게 있다고 결정을 보류하고 있다. 많은 초보 영업인이 이런 표현을 정중한 거절로만 해석하고 돌아선다. 하지만 우린 프로가 되려는 사람들이다. 진짜 아내에게 결정권이 있는 게 맞는지 확인해 볼 의무가 있다. 그래서 다시 제안하는 질문을 던진다.

영업인: 그렇다면 아내 분과 함께 상품 설명을 들어보는 건 어떨까요?(아내 분에게 결정권이 있는 거라면, 아내 분과 제가 만나보면 안 될까요?)

대화 과정에서 무례하지만 않았다면, 결코 움츠러들 필요가 없다. 당신은 거절을 거절하기 위해 정중하게 스킬을 구사했을 뿐이다. 상대에게 부담이 되는 언행인지 고민할 필요도 없다. **서로가 명확하게 거절 의사를 확인하는 과정일 뿐**이므로. 이를 통해 진짜 냉혹한 거절이었다는 걸 확인해야 대화는 완전히 종결되고, 더는 불필요한 대화를 이어갈 필요가 없어진다.

예시를 하나 더 보도록 하자. 아래의 경우도 매우 흔하다.

가망 고객: 안타깝지만 지금은 제가 여유가 없습니다.
영업인: 여유가 없는 건 모두가 마찬가지 아닐까 합니다. 저도 늘 쪼들리면서 지내고 있죠. 문제는 앞으로가 아닐까요? 여유가 없는 상태에서 병이 나거나, 사고가 나면 더 곤란해지잖아요. 제가 하는 일은 없는 여유에서 기회를 찾아내 드리는 겁니다. 저와 함께 정말 조금도 여유도 없는 것인지 한번 확인해 보는 건 어떨까요?

정말 여유가 없어서 망설이는 이라면 한번 더 이야기를 들어주면서 현재의 지출 흐름을 함께 살펴볼 것이고, 여유가 없다는 핑계로 자리를 일어서고 싶었던 이라면, 이쯤에서 냉담하게 거절할 테다. 우리가 할 일은 그런 냉담한 얼굴이 나타날 때까지 확인해 보는 거다. **진짜 거절의 의사인지, 흔들리는 마음 앞에서 고민을 유보하기 위한 적절한 핑계였는지.**

끝으로 가장 흔한 '여유'도 아닌 "돈이 없어요."에는 어떻게 대응할지 알아보자.

영업인: 이런 상품 괜찮지 않습니까?
가망 고객: 그런데 지금 제가 돈이 없어요.
영업인: 상품은 괜찮은데 돈이 부족하다는 말씀 맞으실까요?

가망 고객: 네, 정말 없습니다.

영업인: 그래도 미래가 염려스러운 마음은 충분히 있다고 하시니 저와 함께 지금 시점에서 꼭 먼저 준비해야 할 보장부터 미리 챙겨보는 건 어떨까요? 그리고 지출 우선순위에 대해서도 함께 점검해 본다면, 제가 작은 여유를 챙겨드릴 수 있을지도 모릅니다. 어렵지 않아요. 지난 주말 휴일은 어떻게 보내셨나요? 또 가족들과 마지막으로 떠난 여행이 언제였을까요?

여기서 가망 고객이 말하는 '정말 없다'는 대부분 현재 관점이다. 그리고 대다수의 현대인이 여유가 없다고 하면서도 여행을 다니거나, 의류나 장신구를 소비하고, 취미 활동에 적지 않은 돈을 쓴다. 팍팍한 삶을 살면서도 현재의 만족을 위해 미래를 당겨쓰는 중이다. 반면, 보험 소비는 현재 소비와 함께 미래 사고를 보장해 주는 기능을 한다. 상식적인 판단으로는 보험이 무조건 옳다. 따라서 상품에 관심이 있으나 정말 돈이 없어서 없다고 말한 것이라면, 자산관리사가 도움을 주는 걸 마다할 이유가 없다. 그러나 진짜 거절을 위해 돈이 없다고 한 것이라면, 입을 굳게 다물고 돌아설 게 분명하다. 그리고 우린 이런 고객을 아쉬워할 필요는 없다. 삶의 가치관이 미래보다는 현재에 강하게 고정되어 있어서 도움의 필요성을 전혀 못 느끼는 이들이므로.

다시 한번 힘주어 말한다. 가슴을 당당히 펼 수 있을 만큼 자신감을 키우자. 그리고 거절을 거절하고, 진짜 거절 앞에서 초연해지자. 더불어 **대화의 흐름을 주도하는 건 전문가의 역할**임을 잊지 말자. 우린 프로이며, 프로가 되어야 한다.

서단장 스토리 ⑩

모든 세일즈는 확률 싸움이다

영업은 결국 확률이다. 실적은 결국 숫자로 표기하거나 어느 정도 가늠할 수 있다는 말이다. 믿지 못하겠다면 어떤 직종이든 전문가를 붙잡고 무작정 질문을 던져보자. "대략 10명쯤 고객 미팅을 한다면, 몇 명쯤 제품을 구매하나요?" 의사, 변호사, 철물점 사장 누구든 좋다. 다들 차이는 있겠지만, 수치로 답해줄 게 분명하다. 충분한 현장 경험에 따라 스스로 인식하고 있는 확률 통계가 있다는 의미다. 그리고 놀랍게도 대부분 3할이라고 대답한다. 10명 중 3명이란 얘기다.

그럼, 나도 당장 10명을 만나면 3명이 계약을 해줄까? 유감스럽게도 그 결과는 알 수 없다. 10명을 만나고, 20명을 만나도 안 되는 사람은 안 된다. 이제 막 시작했기 때문이다. 조금 더 쉽게 주사위를 떠올려 보자. 6번 던진다고 해서 1부터 6까지 숫자가 번갈아 가며 한 번씩 나와 주는 게 아니다. 수십~수만 번을 던졌을 때, 각각의 확률이

1/6에 가까워진다.

이를 영업에 비추어 보면, 이제 막 시작했다는 이유만으로 10명 중 7~8명이 계약을 해줄 수도 있다는 말이 된다. 심지어 영업 초기에는 지인들이 응원의 의미로 먼저 도움을 주기도 해서 충분히 있을 수 있는 경우다. 그러나 이런 흐름은 일시적이다. 별도의 노력을 기울이지 않으면, 실적은 급격히 하락한다. 그렇게 실패의 횟수가 점점 늘어나면서 진짜 내 실력을 나타내는 수치를 받아들이게 된다. 그러니 10명 중 3명이라고 말을 했던 이들은 그만큼 해당 업계에서 잔뼈가 굵다는 뜻이다.

그렇다면 우리가 10명 중 3명 정도라고 말할 수 있으려면 어떤 노력을 해야 할까? **무조건 활동량을 넓히는 수밖에 없다. 무작정 많이 만나고, 실패하더라도 다시 쳇바퀴를 굴려서 도전하는 거다.** 완벽에 가깝게 완성해서 실행할 수 있는 일은 없다. 실패와 거절의 무한 반복 속에서 스스로 데이터를 쌓는 게 영업이다. 그런 다음 다른 사람들 앞에서 스스로 10명 중 3명이라고 말할 정도가 되었을 땐, 뜻하지 않는 곳에서 연락이 오게 된다. 바로 넘어설 수 없을 것 같았던 매출의 벽을 부수고 나타나 주는 '소개'다. 이는 곧 영업의 결실이기도 하다.

PART 6. Habit
: 자기관리의 습관화와 열정의 형성

머리로 알기보다 몸으로 익혀라

인터뷰 내용과 작가가 보내준 원고를 정리하다 보니, 예고대로 많은 내용이 중복되어 있었다. 그렇다고 어느 하나를 제외하는 건 쉽지 않아 보였다. 모두가 유기적으로 이어져 있었기에.

수림: 예상은 했지만 말씀하신 대로 원고 분량이 상당하더라고요. 같은 듯 다르게 연결된 부분도 많고요. 그래도 전 그게 작가님의 선한 의도로 다가왔습니다. 더 자세히 알려주고, 다 같이 성장했으면 하는 마음이 보였거든요.

운화: 그런가요? 그래도 가장 핵심 요소만 전달해 드린 거예요. 한마디로 자체 편집을 했다는 뜻이죠. 호호. 느끼셨듯이 하나하나가 세밀하게 고리를 맺고 있어요. 또 그중에서 하나가 특출한 건 강점일 수는 있어도, 하나가 부족하면

얘기가 달라지죠. 일을 매끄럽게 운영하기가 힘들어지니까요.

수림: 제 생각에는 오늘 주제인 습관도 앞서 나눈 태도와 통하는 부분이 많을 듯해요.

운화: 맞아요. 사실 둘을 떼어내서 말하는 게 상당히 힘들기는 합니다. "작은 습관부터 바꾸어 바꾼 태도를 몸에 익힌다."는 게 핵심이니까요.

수림: 조금 차이가 있다면, 앞서는 실패를 두려워 말고 반복해 보자였다면, 이번에는 **실패 후에 다음으로 이어지는 행동을 멈추지 않도록 습관으로 익혀라** 정도로 들리는군요. 의미는 같지만, 뉘앙스에서 조금 차이가 있는 정도일까요?

운화: 역시 정확하시네요. 아무래도 유기적으로 연결되는 지점이라서 그렇습니다. 지식이 쌓여 자신감이 형성되면, 그게 신념으로 굳을 때까지 실패를 두려워 말고 반복해 보라는 것. 그러기 위해서는 작은 습관부터 들여서 스스로 변화를 이끌어갈 수 있다는 믿음이 필요하죠. 실패 이후, 자연스럽게 대처할 수 있을 정도가 된다는 건 일련의 과정이 습관처럼 몸에 스며든다는 의미이기도 하고요. 그 과정에

서 기술은 적당히 거들어주는 도구일 뿐입니다.

수림: 그렇다면 작은 습관을 바꾸는 방법으로 어떤 게 있을까요? 독서를 해보자고 할까요?

작은 습관부터 바꾼다는 건 기본적으로 자기관리와 계발의 영역이다. 그리고 이와 관련해서는 이미 수많은 책이 출간되었고, 지금도 쏟아지고 있다. 현실이 이러하니 작가가 어떤 이야기를 꺼낼지 궁금해졌다. 더 정확히는 본인만의 뚜렷한 노하우가 있어서 독자들에게 충격을 안겨줄 수 있길 바랐다.

운화: 독서라고 하니 새삼 우리가 처음 만났을 때가 생각나네요.

수림: 네, 그게 벌써 몇 년 전입니까? 하하.

뜬금없이 이야기가 옆으로 흐른다. 사실 작가와 나는 이미 수년 전에 독서 모임에서 인사를 나눈 적이 있다. 그런데 눈에 얼굴이 익을 때쯤 그녀는 그 모임에 나오지 않았다.

운화: 대표님은 최근까지 계속 참석했다고 들었어요. 참 오

랫동안 활동하셨네요.

수림: 책도 좋지만 사람들이 좋아서요. 다들 절 도와주기도 했고요. 감사한 일이죠. 그런데 아쉽지만, 저도 최근에는 너무 바빠져 참석을 못하고 있네요.

운화: 그런 좋은 곳을 저는 왜 그만뒀을까요?

수림: 글쎄요. 각자의 이유가 다 있는 법이니까요.

운화: 확실히 '같이가치' 독서 모임은 제게 큰 변화를 줬어요. 독서를 통해서 스스로 학습하는 힘을 알려주었으니까요. 게다가 당시 초대 이재덕 회장과 함께 정착 과정에서 많은 에너지를 주고 받기도 했고요. 지금 저희 사업단의 활동량을 관리해주는 시스템의 기초는 거기에서 시작되었다고 볼 정도니까요.. 다만, 제 속도와는 좀 달랐던 거죠. 그래서 더 오래 할 수는 없었어요. 전 일독일행(一讀一行) 즉, 한 권을 읽으면 거기서 배울 점을 추려내서 몸에 익을 때까지 목표를 정하고, 함께 해보길 원했죠. 그런데 모임은 전체 운영을 위해 매번 새로운 책을 권했고요. 제게는 인풋이 넘쳤던 겁니다. 독서 모임이니 매번 새로운

책을 읽는 게 매우 당연한 일이지만, 당시의 저는 이제 막 습관이 자리 잡혀갈 때라서 신중할 수밖에 없었어요. 너무 좋은 모임이었지만 저랑은 속도가 맞지 않았던 게 가장 큰 이유였어요.

수림: 그랬군요. 전 당시에 작가님을 비롯해서 몇몇이 빠지는 걸 보고 매번 비슷한 서적을 읽어서 그런 건 아닐까 하는 생각을 했었어요. 그래서 문학 소설도 읽어보자고 제안하면서 황순원의 《소나기》를 추천했죠. 이후부터 분위기가 많이 바뀐 느낌이었고요. 다루는 도서 분야가 그때부터 확실히 확대되었으니까요. 덕분에 모임에 참여하는 사람들의 기호도 다양해졌고, 그만큼 여러 성향의 사람들이 모여 더 많은 이야길 나눌 수 있게 되었고요.

운화: 호호. 장한 일을 하셨네요.

수림: 하하. 여기서는 그게 중요한 게 아니니 작가님의 이야기를 더 들어볼까요? 그럼, 작가님은 평소 일독일행을 중요하게 여기신다는 거죠?

운화: 네, 그게 제 스타일이에요. 작은 목표를 정해서 나

자신과 약속한 기간만큼 시도해 보고, 다음으로 넘어가야 합니다. 소화할 수 있는 최소한의 시간을 스스로에게 주는 거죠. 그러지 않고 무작정 읽기만 해서는 변화할 수 없으니까요.

수림: 머리로만 알고 있는 건 그저 단편적인 지식일 뿐이다 정도로 이해되네요.

운화: 맞아요. 전 지식 쌓기는 급한 일이 아니라고 생각해요. 그보다는 **당장 실천할 수 있고, 현실에 응용할 수 있다면, 시간을 두고 두드려보는 자세가 필요**하다고 봅니다. 그런 과정을 통해야 머리뿐만 아니라 몸으로도 익힐 수 있으니까요. 이는 긍정적인 변화를 위한 훈련이기도 하고요.

수림: 공감합니다. 제가 다양한 장르를 읽어보자고 했던 이유도 같아요. 단편적인 지식의 탑만 쌓아 올려서는 소득이 없으니까요. 내 것으로 유용하게 만들기 위해서는 알게 된 걸 실천하거나, 익히 안다고 생각했던 부분을 훨씬 더 깊게 사유하는 과정이 있어야 한다고 판단했거든요.

운화: 대표님은 말이 잘 통해서 좋습니다. 호호.

수림: 그럼, 팀원들과도 단기적인 목표를 정하고, 변화를 위한 노력을 해왔던 걸까요?

운화: 네, 맞아요. 개별 숙제를 제시하기도 했고, 어떤 경우에는 함께하기도 했죠. 스스로 변화할 수 있다는 믿음을 가지기 위해서, 실제로 변화하기 위해서, 더 긍정적인 에너지를 몸에 두르고 있기 위해서 그렇게 해왔죠.

수림: 일독일행이 습관 형성의 열쇠쯤 될 수 있겠군요.

나는 노트에 큰 글씨로 일독일행을 쓰고, 밑줄을 그은 다음, 페이지를 넘겼다.

함께하는 환경이 사람을 만든다

독서 자체가 온전한 취미라면 모를까, 독서를 통해 얻고자 함이 분명한 사람들에게는 시간이 필요하다. 일독일행을 통해 습관을 바꾸고, 가꾸는 힘을 기른다는 건 얼핏 듣기 좋은 말처럼 보일 수 있지만, 거기에는 분명 적지 않은 노력과 시간이 필요하다.

운화: 기왕 말이 나온 김에 이 이야기를 조금 더 했으면 싶어요. **개인이 변화하기 위해서는 개인을 둘러싼 환경도 바뀌어야 한다**는 거죠. 매우 식상한 이야기처럼 들리겠지만, 뻔한 만큼 중요해요. 예를 들어, 담배를 끊겠다는 사람 주변에 비흡연자가 함께 있는 것과 골초가 있는 것. 이건 말할 필요도 없는 결과잖아요. 그럼에도 불구하고 사람들은 이 판단을 잘 못해요.

수림: 한마디로 개인이 변화하기 위해서는 둘러싼 환경을 바꿔야 한다는 걸 알지만, 환경을 실제로 바꾸는 이들은 적다는 거네요? 그렇다면 왜 그런 걸까요?

운화: 가령, 아침에 눈을 떠서 침구를 정리하기까지는 쉬워요. 30분에 맞춰두던 알람을 29분으로만 조정해 평소보다 1분, 짧게는 몇 초만 더 투자하면 되니까요. 그런데 우리가 바꿔 나가야할 부분이 그런 사소한 것만 있는 게 아니죠. 오랜 습관을 바꿔야 할 수도 있고, 다이어트처럼 평생 압박감과 함께 마주해야 하기도 하고요. 당연한 말이지만, 그때부터는 혼자 힘으로는 힘들어요. 함께 견디며 응원하고, 도움을 주고받아야 하죠. 그런데 많은 사람이 태생적인 성격 문제로 누군가와 뭘 함께한다는 것에 익숙하지가 않아요. 단순히 즐기기 위해 모임에 참석하던 사람을 하루아침에 결과를 만들기 위한 모임에 참석하라고 끌고 갈 수는 없단 거죠.

수림: 여기에도 단계적인 적응이 필요한 거네요. 그런데 이런 현실적인 부분에서 정리된 팁은 없었다는 이야기고요. 그러니 사람들이 변화에 대한 갈망이 있어도 우왕좌왕하다가 그만두게 되는 거고요.

운화: 대표님과 대화하면 길게 설명하지 않아도 되어서 참 좋단 말이죠. 맞아요, 그런 부분이 생략되어 있어서 그다음으로 이어지지 못하는 경우가 많죠. 그래서 전 영업 실적과 별개로 팀원들과 작은 도전을 수시로 했습니다. 미니 이벤트식으로요.

수림: 음, 확실히 사내에서 주도적으로 진행해 준다면 훨씬 도움이 되겠네요. 아무래도 영업 현장 다음으로 가장 많은 시간을 보내는 곳이 집을 제외하면 직장일 테니까요.

운화: 그렇죠. 팀원들을 위해 저부터 그들의 긍정적인 환경이 되어주는 거죠.

결혼한 중년들의 다이어트가 힘든 이유는 내가 어렵게 식욕을 참고 있을 때, 배우자와 아이들이 옆에서 먹기 때문이다. 어렵게 모든 미디어 매체를 멀리하더라도 바로 옆에서 음식 냄새를 풍기며 먹고 있으면, 고문이나 다름없다. 이에 유혹을 이기지 못하고, 나도 모르는 사이 동참하고 있는 나를 발견하게 된다. 그래서 개인의 의지만큼 주변 사람의 적극적인 도움이 필요하다. 그런데 현대인들은 가정보다 학교나 일터에서 더 많은 시간을 소비한다. 그렇다고 일상을 공유해야 하는 이들이 개개인의 요구를 모두 맞춰줄 수는 없다. 고강도 다이어트를 하더라도 직장 상사가 회식을 열면 빠져나가기가 힘든 법이니까.

운화: **습관을 들여 태도를 바꾼다는 건 매우 멋진 말이죠. 그런데 한편으로는 이전의 생활 방식을 부정하겠다는 것과 같아서 쉬울 수가 없어요. 힘든 게 정상**입니다. 그러니 뭐든 작은 것부터 바꿔가면서 자존감을 키워나가야 합니다. 그리고 본인처럼 변화의 의지를 가진 사람들로 주변을 채워나가야 하고요. 이걸 단박에 해내려고 하면 힘이 듭니다. 시간을 들여 천천히, 그러나 확실하게 해나가야 할 일이죠. 그러기 위해서는 반드시 용기가 필요합니다.

수림: 용기요?

운화: 자신의 부족함이나 그릇된 부분을 부정할 수 있는 용기, 그래서 자신처럼 변화를 갈망하는 이들로 주변을 채울 용기죠. 그런 용기가 있어야 비로소 변화하고, 성장할 수 있어요.

수림: 정리하자면, **사소하고 작은 것부터 바꾸는 것으로 습관의 힘을 기르고, 자존감을 회복하자. 그리고 스스로 주변 환경을 바꾸겠다는 용기를 가지자** 정도가 되겠군요.

운화: 네, 거기까지만 되어도 정말 훌륭하. 더 할 수 있다면, 타인의 변화를 위해서도 선뜻 손을 내밀어주는 것이고요.

수림: 팀원들을 위해 돗자리를 깔아주는 작가님처럼 말이죠?

운화: 호호. 겸손해지기 참 어렵군요.

새삼 난 내 주변 환경에 대해 생각해 보게 되었다. 그리고 내가 스스로 뭔가를 바꾸겠다고 다짐하고, 실천한 적이 있었는지에 대한 질문도 슬쩍 올라왔다.

영업은 입체적 기록이 판가름한다

수림: 지금까지 습관의 중요성과 관련해 이야기를 나누었는데요. 모두 긴 호흡으로 이어가야 한다는 부분이 이해는 되지만, 시간적 부담이 느껴지는 것도 사실입니다. 그래서 말인데, 습관으로 익혀두면 바로 적용할 만한 건 없을까요?

운화: 그런 거라면 확실한 게 하나 있죠.

수림: 그게 뭐죠?

운화: 기록입니다.

수림: 확신하시는 걸 보니 결과가 명확한가 보군요.

운화: 네, 그래서 제가 늘 강조하는 부분이기도 하고요. 이쯤에서 질문 하나 할게요. 영업인이 하루에 몇 명의 가망 고객을 만날까요?

수림: 평균적으로요? 글쎄요, 그것도 역량마다 다르지 않나요? 그래도 꾸준하다면 2~3명 정도가 아닐까 하는데요.

운화: 맞아요, 딱 그 정도가 평균입니다. 잘하는 사람은 5명도 만나죠. 그럼, 일단 2명이라고 가정을 해보죠. 주말엔 쉰다면 한 달에 40명가량 만나게 되겠네요. 3명이면 60명일 테고요. 이 인원을 메모하지 않으면 가망 고객 관리를 할 수 있을까요?

수림: 그런데 그런 건 기본적으로 다들 메모하지 않나요?

운화: 하긴 하죠. 문제는 어떤 관점에서 하느냐는 겁니다. 믿기 힘들겠지만 신입 중 많은 인원이 메모를 하지 않기도 해요. 그리고 메모를 하더라도 지극히 자기중심적으로 하죠.

수림: 자기중심적으로요?

운화: 쉽게 설명을 해볼까요? 대표님이 가망 고객 60명을 만났다고 해봅시다. 이때 무엇을 메모하시겠어요?

수림: 아마도 대화 중 기억에 남았던 부분이나 인상적이었던 게 아닐까요?

운화: 맞아요. 우리에게 필요한 건 작은 부분이라도 상대를 기억하는 게 먼저죠. **상대를 기억하고 있어야 심리적 거리를 좁힐 수 있고, 연상되는 게 있어야 다음 만남에서도 대화가 자연스러울 수 있을 테니까요.** 그런데 그보다 당장 계약에 유리한 내용만 적는 이들이 있어요.

수림: 예를 들면요?

운화: 딸랑 출생 연도, 직업, 추정 연봉 정도만 적어두는 식이죠. 그런데 이런 메모는 실질적으로 아무 도움이 되지 않아요. 가망 고객의 미래를 설계해 줄 수 있어야 하는데, 첫 만남에서 그런 걸 메모하고 있다는 건, 이번 달 자기 급여나 설계하고 있다는 말밖에 되지 않거든요.

수림: 아, 좀 놀랍기는 하네요.

운화: 그렇죠? 그런데 사실입니다. 그리고 이런 습관이 든 상태에서 당장 변화하려고 하니 힘들 수밖에요.

수림: 그럼, 구체적으로 메모를 어떻게 하면 좋을까요?

운화: 만난 장소나 그날 상대가 입은 옷 색상, 말투처럼 단순한 것도 좋아요. 그렇게 **상대를 최대한 입체적으로 기억할 만한 요소들을 적어두는 거죠**. 가장 좋은 건 둘이서 나눈 대화에서 깊게 파고든 이슈가 있다면, 그걸 대략이라도 기록해 두는 겁니다. 서로 소통한 중요한 대목이니까요. 그렇게 진심으로 상대를 기억하려고 노력해야, 상대도 제가 정성을 들인다는 걸 무의식적으로나마 인정하기도 하고요.

수림: 그럼, 평소에는 어떤 걸 메모해야 할까요?

운화: 최대한 많이 메모하는 게 좋습니다. 더 정확히는 일이 진행되는 단계마다 기록을 해두는 게 좋아요. 그게 당장에는 큰 도움이 안 되겠지만, **데이터가 되는 순간에는 엄청난 힘**을 발휘합니다. 이건 앞서 말한 매출 분석과 맥락이 거의 같다고 보면 되는데요. 일을 대하는 과정에서 **나의 장**

단점을 스스로 살펴보고, 진단을 내릴 수 있죠.

수림: **실패를 실패로만 인식하는 게 아니라 극복할 약점, 보완해야 할 단점으로 인식하는 근거는 메모로 파악한 통계적 수치에 있다.** 이렇게 해석할 수 있겠네요?

운화: 그렇죠. 가망 고객 40명을 만나서 2명과 계약 진행이 되었다면, 그 2명에 관한 기록은 성공의 기록이고, 나머지 38명에 대한 기록은 소중한 실패의 기록입니다. 단순한 실패가 아니라, 앞으로 성장을 위한 단점 보완의 열쇠가 되는 셈이죠. 모든 단계마다 빠짐없이 기록했다면, 전체 프로세스에서 어느 부분이 취약했는지를 알게 되니까요. 그럼, 그 부분을 중점적으로 보완하면 되겠죠.

수림: 메모한 기록을 바탕으로 상품 설계 과정에서 취약했는지, 브리핑 과정에서 취약했는지, 접근 과정에서 취약했는지 등을 스스로 분석하고, 가장 취약한 부분부터 개선한다. 그렇네요. 말씀하신 대로 앞서 다룬 매출 분석의 연장선이군요.

운화: 전 이런 기록 방법 즉, 매출 분석에 관한 개념의 틀을

첫 직장에서 배웠어요. 당시 대표님에게요. 지금 생각해 보면 그분도 30대 중후반 정도밖에 되지 않았는데, 일을 참 잘하셨어요. 그리고 늘 **"영업은 기록이 판가름한다."**고 강조했죠. 그러면서 당장은 몰라도 10년 뒤에는 어마어마한 격차로 벌어져 있을 거라고 말씀하셨죠.

수림: 출발할 때부터 좋은 스승을 만났던 거군요.

운화: 그렇죠. 덕분에 매출 분석도 할 수 있었고, 무엇보다 현재 교육 진행을 할 때 자신감이 넘치죠. 단순히 어떻게 해라, 난 이렇게 해서 되었다 정도로 전달하는 게 아니라, 꽤 구체적으로 짚어주며 알려줄 수 있으니까요. 그뿐만 아니라 인식 전환을 위한 설득에도 힘이 실려서 팀원들이 잘 따라오는 듯하고요.

수림: 하지만 하루 2명만 해도 한 달에 40명이니, 메모 양이 상당할 텐데요. 계속 누적되기도 하고요. 이걸 다 관리하는 것도 보통 일이 아니겠어요.

운화: 네, 과거에 계약이 많은 설계사들은 개인 비서를 따로 둘 정도였죠. 양은 점점 늘어나는데, 직접 관리가 안 될

정도로 바쁘니 비서에게 메모를 넘겨주면, 비서가 정리해서 날마다 필요한 내용을 체크하여 알려주는 식이었어요. 그만큼 메모가 실질적인 힘을 발휘한다는 겁니다. 인건비를 지출할 정도로 말이죠.

수림: 그 이야긴 저도 들은 적이 있어요. 그런데 요즘에도 그렇게 따로 사람을 쓰나요? AI가 나온 세상인데?

운화: 요즘엔 관리를 위한 앱이나 사이트도 많고, 거기에 AI까지 등장하다 보니 많이 줄어들긴 했죠. 그래도 메모하고 기록하는 건 AI가 대행을 해줘도, 그걸 활용해서 다시 가망 고객에게 접근하거나 사후 관리를 하는 건 여전히 설계사 개인의 몫으로 남아 있어요.

수림: 그렇죠, **메모만 해서는 쓸모가 없죠. 활용하기 위해서 메모를 하는 거**니까요.

운화: 그래서 저도 설계사 시절부터 지금까지 직접 정리하고 있어요. 수기로 했다가, PC 프로그램도 썼다가, 이젠 이동하면서도 앱으로 기록해요. 덕분에 여기까지 온 거고요.

수림: 새삼 배울 게 많다는 생각이 드네요.

　난 잠시 안경을 벗고, 손바닥으로 얼굴을 쓸어내리며 마른세수를 했다. 그간 출판 문의를 해왔던 고객들을 어떻게 관리해 왔는가 하고 반성할 수밖에 없는 순간이었다.

중요한 일과 긴급한 일의 밸런스를 맞춰라

운화: 이번엔 경계해야 할 습관에 대해서 이야기해 볼까요?

순간 습관을 형성하는 데 있어서 더 챙겨야 할 부분이 있나 싶어서 자세를 고쳐 앉았다.

수림: 그런 경우도 있습니까? 대체 어떤 요소죠? 짐작조차 안 되는데요.

운화: 그럼, 질문을 하나 해볼게요. 고객은 왕이라는 말이 맞습니까?

수림: 맞다고는 생각하지만, 물어본 의도가 있을 테니 혹시 아닌가요? 하하.

운화: 맞아요, 분명 고객은 왕입니다. 그런데 아무리 왕이라고 해도 우리 개개인의 인생보다 우위에 있는 존재는 아니죠. 그렇지 않나요?

수림: 물론이죠. 현대 자본주의 사회를 대변하는 극단의 표현일 뿐, 고객이 우리 인생보다 우선할 수는 없죠.

운화: 그런데 그 판단이 흐려질 때가 있어요. 아직 확신이 서지 않은, 그러니까 이제 신입 딱지를 떼고 연차가 쌓여 일을 좀 알겠다 싶은 시기에 특히 그래요.

수림: 어째서죠?

운화: 음, 본론부터 얘기하기 전에 짚고 넘어가야 할 부분이 있어요. 우리는 살아가면서 장기 플랜을 세웁니다. 이에 따라 적금을 하거나 연금에 가입하죠. 그렇게 5년, 10년 뒤를 대비합니다. 그런데 예상하지 못한 일이 생깁니다. 큰 비용을 지출해야 하는 상황이 생기는 거죠. 그럼 어떻게 하나요? 일단 모아뒀던 돈으로 수습부터 합니다. 그렇게 되면 다시 돈을 모아야 합니다. 결국 현실은 이전보다 훨씬 빠듯해질 수밖에 없죠. 원래 계획대로라면 5년 안에 목

표한 금액을 손에 쥘 수 있었을 텐데, 시간을 허비한 데다 물가까지 올라버렸으니까요. 연금 사정도 마찬가지입니다. 현재 우리나라에서 자살률이 가장 높은 연령대는 70~80대입니다. 대부분 장기 계획이 어그러지면서, 더는 버틸 재간이 없는 탓이지요.

수림: 아무래도 사람들은 코앞에 닥친 일을 어떻게든 해결해야 하니까요. 장기 플랜이 뜻대로 되지 않는 경우가 많죠.

운화: 쉽지 않다는 걸 저도 아주 잘 알죠. 그런데 **인생에서 단기 대응이 습관이 되면, 장기 플랜 자체를 등한시**하게 됩니다. 가령, 5년 뒤 자녀 등록금이 문제가 될 테지만, 당장 해외여행은 가고 본다는 거죠. 물론 현재를 즐길 수도 있어야 합니다. 다만, 그게 다른 무엇보다 중요하다면 더는 뭐라고 할 수 없겠죠. 그렇지만 막연하게나마 5년 뒤를 걱정하고 있다면, 그래서 나름의 준비를 해야 한다는 고민을 한 적이 있다면, 다른 대안을 세우거나 여행의 규모 조절 등을 할 수 있겠지요.

조용히 고개를 끄덕이고는 있었지만, 속으로는 여간 뜨끔한 게 아니었다. 당장 나만 하더라도 미래가 위태로운 입장이면서 현재를 아낌

없이 쓰는 몸이니까.

운화: 이를 영업에 빗대어 볼까요? 예를 들어, **장기 플랜으로 자기 계발을 위한 교육 시간을 정해뒀다면, 우선순위로 지켜야 해요**. 내가 발전하지 못하면, 급변하는 시대에서 뒤처질 수 있으니까요. 세상을 쥐락펴락은 못하더라도 변화에 낙오할 수는 없잖아요. 그런데 이걸 구분 못하는 상황이 발생합니다. 그 변수가 바로 고객이죠. 고객의 호출에 조금의 고민도 하지 않고 바로 뛰어가는 겁니다. 조금만 침착하게 응대한다면 충분히 여유 있게 대할 수 있는데도 말이죠. 왜 그럴까요? 모두 다 실적 때문입니다. **당장 계약을 성사해야 하고, 공들여서 진행했으니 잃을 수는 없다는 생각에 무조건 뛰어가는** 거죠.

수림: 이제 이해됩니다. 그런 식으로 습관이 된다는 거군요. **장기 플랜이 계속 뒤로 밀려서 결국 실적에서도 상승곡선을 이어가지 못하게 된다**. 이런 말씀 같네요.

운화: 정확해요. 매출 분석을 통해 약점을 찾았다면, 보완에 집중해야 합니다. 그리고 보통은 장기적으로 대응해야 할 문제고요. 사람이 하루아침에 변하기는 힘드니까요. 꾸

준한 노력이 필요하잖아요. 그것도 환경까지 바꿔가면서요. 또 흔들림을 줄이려면 끊임없이 교육도 받아야 할 테고요. 그런데 단기적인 실적 때문에 그런 실천을 수시로 뒤로 미루면, 결국 변하지 못하겠죠. 타율이 늘 제자리에 머물게 되는데, 어떻게 일을 계속할 수 있겠어요? 오히려 시간이 지날수록 실적은 점점 더 나빠지겠죠.

수림: 정리하자면, **중요한 일과 긴급한 일의 밸런스를 잘 맞춰야 한다**는 이야기로 들리네요.

운화: 바로 그겁니다. 당연히 현실은 칼로 무를 자르듯이 정확히 나누어서 대응할 수 없죠. 그렇지만 그 밸런스를 잘 지켜야 합니다. **미래를 끌어와서 현재에 썼을 땐, 그만큼의 무게감을 느낄 수 있어야 해요**. 당장에는 어쩔 수 없이 타협했다고 하더라도 다시 그만큼을 더 노력해야 한다는 거죠. 반드시. 그러지 않으면 단기적인 대응만이 몸에 밸 겁니다. 그건 세상 무엇보다 나쁜 습관 중 하나이고요.

나는 발가벗겨지는 기분이 들었지만, 결코 내색할 수는 없었다. 아니, 고개를 푹 숙였을 때, 이미 작가는 눈치챘을지도 모른다. 그저 무작정 미래를 다 끌어다 쓴 내가 부끄럽기만 했다.

PART 6. Habit: 자기관리의 습관화와 열정의 형성

롱런하려면 룰을 지켜라

운화: 나쁜 습관에 대해 한 가지 더 이야기해 볼까요?

수림: 어떤 내용이죠?

운화: 다들 영업직만큼 순발력을 요구하는 직종이 없다고 하죠. 현장에서 일어나는 변수 앞에서 유연성 있게 대처해야 하니까요. 그러다 보니 영업 사원들은 본인이 가진 지식을 순간적으로 활용하는 능력이 뛰어나요.

수림: 그러니까요. 그래서 솔직히 부럽습니다. 전 좀 둔해서요.

운화: 그런데 뭐든 양면이 있잖아요. 그렇게 머리 좋은 사

람들을 모아놓으니 잔머리를 엄청 써요. 호호. 그래서 시작할 때부터 나쁜 버릇에 젖어드는 사람도 많고요.

수림: 하하. 그게 또 그렇게 되나요? 그럼, 그 나쁜 버릇이 보험에서 말하는 불완전 계약을 한다는 건가요? 완전 판매 3요소인 상품 설명, 자필 서명, 약관과 청약서 증권 전달을 건너뛰고 말이죠. 알고 있었는데 가물가물하네요.

운화: 어머, 가물가물하다면서 어쩜 그렇게 정확히 말씀하시는 거예요?

수림: 그런가요? 아직 제 머리가 쓸 만한가 봅니다. 하하.

운화: 그러네요. 호호. 아무튼 그런 경우도 있고, 상품을 완벽하게 파악하지 않은 채 아는 만큼만 설명해서 고객이 잘못 알고 계약하는 일도 있어요. 또 니즈가 충분하지 않은 고객인데 설계사 본인이 살겠다고 좋은 상품인 듯 포장해 팔아먹기도 하죠. 다시 말해, 뭐든 자신의 임의대로, 본인 실적 위주로 설계하는 사람이 여전히 많다는 소리입니다.

수림: 아찔하군요. 요즘 같은 세상에도 그런 사람들이 있다

니 신기할 뿐입니다.

운화: 아무래도 고객과 설계사 사이에는 정보 불균형이 있잖아요. 실력이 아주 형편없는 설계사일지라도 고객은 그런 설계사보다 모든 용어가 낯설 테니까요. 그리고 그런 사람들은 뭐든 쉽게 어깁니다. 대필은 기본이고, 보험금 대납도 서슴없이 하죠.

수림: 대납이요?

운화: 네, 고객의 1회 차 보험금을 대신 치러주는 거죠. 계약이 성사되면 어차피 수수료가 나올 테니까요.

수림: 그런 건 금융감독원에서 엄중하게 모니터링하는 부분 아닌가요? 원래는 고객에게 선물도 일정 단위 이상을 못하게 하잖아요.

운화: 네, 3만 원을 초과하지 않도록 하고 있죠. 그런데도 하는 사람들이 있다는 게 문제고요. 이렇게 쉽게 어기는 사람들은 점점 더 위험한 행동도 합니다. 대가성, 거래성 계약을 하는가 하면, 보험을 대부업처럼 굴리는 이들도 있죠.

그러다가 욕심이 과해서 폰지(Ponzi) 사기에 연루되기도 하고요.

수림: 와! 아찔하네요. 그보다 이런 어두운 이야기를 다 적어도 될까 모르겠네요.

운화: 적어주세요. 절대 해서는 안 될 일이니까요. 그리고 단언컨대, **정해진 룰(Rule)대로 해야만 롱런을 할 수 있어요**. 이건 이미 대표님도 잘 알고 있고, **모든 업계에 적용되는 이야기**예요.

수림: 하긴 출판 업계에서도 흔한 일이죠. 예를 들어, 작가와 매절 계약을 한다거나 계약서에 교묘하게 독소 조항을 넣어서 사실상 출간 비용을 저자가 부담하게 만들어요. 이게 당장에는 돈이 되기는 합니다만, 결국 업계에 다 소문이 나요. 그럼, 모두에게 사랑받는 브랜드로 성장하지 못하는 거죠.

운화: 네, 사실 모든 업이 그렇습니다. 인간이 도구를 다루는 존재여서인지 다 같이 지키자고 정한 법규조차 나쁘게 활용할 때가 있어요. 제가 열거한 예시도 모두 교묘하게 완전 판매를 지키는 척을 하면서 비켜 나간 거잖아요. 감시의

허점을 이용하는 거죠. 문제는 그 모두가 잠깐 반짝일 수는 있어도 오래도록 빛나지는 못한다는 겁니다. 무엇보다 선을 한 번씩 넘은 사람들은 그게 습관으로 굳어버려요. 결국에는 다른 일조차 못하게 되죠. 보험업이 제대로 하면 무척 힘들고, 장기간 관리해야하는 일이라서 수수료가 높은 건 사실이거든요. 그런데 그렇게 쉽게 돈을 만진 사람이 과연 피땀 흘려서 일할까요?

수림: 그럼, 완전 판매를 하는 사람 중에는 다른 나쁜 습관이 든 경우는 없을까요?

운화: 당연히 있죠. 바로 기술과 지식에만 의존하는 사람들이에요. 즉, A와 H가 더 중요함에도 K와 S만으로 승부 보려는 이들. 그들은 확실히 영민합니다. 기술과 지식 습득 면에서는 독보적이에요. 확실히 단기적으로 반짝합니다. 굳이 비유를 하자면 별과 별이 충돌할 때만큼 반짝인다고나 할까요? 그렇지만 결코 태양처럼 오래도록 지속하질 못하죠. 모두 태도나 습관 형성이 결여되어 있는 탓이죠.

수림: 그럼, 지식과 기술로만 계약을 끌어내면 안 되는 건가요?

운화: 예를 들어볼게요. SNS 계정 중에 자산관리사라고 하면서 명품 시계나 새 차를 프로필 사진으로 설정해 둔 사람이 종종 있어요. 자신의 능력이 출중해서 고가의 물건들을 소유하고 있다는 메시지를 주려는 거죠. 이런 전략이 잠깐은 통할 수 있지만 계약 유지율 자체가 달라요. 찾아오는 사람이 계정 주인처럼 무작정 황금을 동경하는 비슷한 성향을 지니고 있어서, 확 몰려들었다가 확 빠져나가는 일이 반복되니까요.

수림: 기본적으로 월납 보험료조차 감당이 안 되는 씀씀이의 사람들에게 임의대로 설계해 줬을 가능성이 높다는 말처럼 들려요.

운화: 임의대로 설계를 해줬다기보다는 고객이나 설계자나 숫자에만 취해있는 상태인 겁니다. 두 사람 모두 현실적인 재무 사정을 고려하지 못하는 거죠. 그보다는 만기 금액이나 수익률만을 알려주고, 집착합니다. 그런 계약이 운 좋게 잘 유지되더라도 소개로 이어지는 건 어렵겠죠? 당연한 이야기지만 그렇게 자신의 영민함을 과신하는 무리는 이미 그게 생활에 습관으로 강하게 굳어져 있습니다. 바꿀 마음이 없다는 소리죠.

수림: 작가님의 설명을 듣고 있으니 갑자기 탕후루와 떡볶이가 생각나는군요.

운화: 네?

수림: 최근 2년 정도는 정말 탕후루 세상이었잖아요. 여러 매체에서 탕후루가 화제였고, 매장도 우후죽순 생겨났고요. 하지만 요즘은 어떤가요? 완전히 사라지진 않았지만, 분위기가 확실히 한풀 꺾였어요. 새로운 먹거리로 자리 잡는 데는 성공했지만, 이전만큼 소비되고 있지는 않다는 뜻이죠. 반짝 유행이었던 거예요.

운화: 그런데 떡볶이는 예나 지금이나 조용히 끊임없이 팔리고 있다는 말인가요? 호호.

수림: 네, 대세에 휩쓸리기보다는 자기 자리만 지켰는데도요. 물론, 떡볶이 장사를 하다가 사정이 여의치 않아 폐업한 분도 있겠죠. 그렇지만 우리가 피부로 체감할 정도는 아니잖아요. 탕후루는 뉴스에서도 떠들 만큼 매장 수가 갑자기 확 줄었으니까요. 그러니 비교하자면 떡볶이는 기본에 충실한 확고한 스테디셀러입니다.

운화: 재미있네요. 탕후루보다는 떡볶이!

난 웃으며 녹음기를 껐다. 예정된 분량의 인터뷰를 모두 마친 순간이었다.

서단장 스토리 ⑪

적당한 태도는 가능성을 갉아먹는다

모든 영업직이 어렵지만, 그중에서도 보험업은 유독 더 힘든 분야다. 2024년 통계에 따르면, 보험사 전속 설계사의 1년 정착률은 52.4%에 불과하다. 계속되는 경기 침체로 취업조차 어려운 시대임에도, 신입 사원의 절반가량이 1년을 채우지 못하고 떠나고 있는 현실이다.

이 배경에는 몇 가지 구조적인 이유가 있다. 우선 국내 보험사들은 신입을 가능한 한 많이 채용한 뒤, 끝까지 자리를 지키는 소수에게만 집중적으로 투자하는 방식을 취한다. 이러한 모집 구조는 당연히 여러 가지 후유증을 낳는다. 교육은 많은 인원을 대상으로 진행되다 보니 집중력이 떨어지고, 그만큼 개인의 전문성도 깊이 있게 쌓이기 어렵다. 이 상태로 지인 영업부터 시작하게 되는 것이다. 이렇다 보니 불완전 판매로 이어지는 경우도 있고, 2년 이상 유지되는 계약도 그리 많지 않다.

반면, 내가 직접 관리했던 지점의 1년 정착률은 90%에 육박한다. 앞서 언급했듯 메트라이프는 국내 여타 보험사와 달리 기본적인 입사 조건을 요구한다. 여기에 더해 나도 꽤 까다롭게 채용하는 편이다. 그렇다면 내가 가장 중점을 두는 부분은 무엇일까? 바로 '자신을 이겨내 겠다는 의지', '변화에 대한 진심 어린 갈망'이다. 첫 만남에서 그런 마음을 어떻게 알 수 있느냐고 반문할 수도 있겠지만, 면접자의 절박함과 진정성을 읽어내는 일 또한 면접관의 역할이다.

운 좋게도 나는 노력에 비해 욕망이 과도한 이들을 가려낼 수 있는 나름의 안목과 질문을 갖추고 있다. 당연히 때로는 놓치기도 한다. 그래서 100%가 아니라 90%다. 그렇다고 실패한 10%가 전부 실패였다고 생각하지는 않는다. 오히려 그런 사례들 덕분에 내 신념은 더욱 단단해졌고, 스스로 긴장을 늦추지 않게 되었다.

한편, 나는 지금의 일을 하기 전에 경력이 단절된 상태였다. 그것도 쌍둥이를 키우는 엄마였다. 그래서일까. 그 시절의 나와 비슷한 상황에 있는 신입들을 보면 자연스레 마음이 간다. 물론, 나는 창의적으로 일하고 싶다는 열망으로 이 길을 택했지만, 가재는 게 편이라고 하듯 비슷한 처지인 사람들에게 더 시선이 머무는 건 어쩔 수 없다. 그러던 중 하나의 사실을 알게 되었다. '아, 모두가 진심으로 변화를 바라는 건 아니구나.'

경력 단절 여성들에게 영업직은 분명 의미 있는 기회를 제공한다. 출퇴근이 유연하고, 시간 활용이 자유로워 육아와 병행할 수 있다는 점은 이 직무의 큰 장점이다. 실제로 면접에서 지원 동기를 물어보면, 많은 후보가 이러한 이유로 영업을 선택했다고 답한다. 그래서 나 역시 그들의 형편을 이해하고, 가능한 한 편의를 제공하며 함께 성장해 가길 바랐다. 하지만 안타깝게도, 변화와 성공을 꿈꾸던 일부는 현실의 어려움을 이유로 기본적인 업무를 뒤로 미루기 시작했다. 어느새 자기 계발도 멈추고, 주말은 물론 평일에도 반나절 이상 집중하지 못하는 일이 반복되었다. 이렇게 일에 대한 태도가 느슨해지면, 결국 스스로에게 점점 관대해지기 마련이다. 적당히 일하고, 적당한 수입에 머물며, 적당한 일상을 유지하면 된다는 생각이 스며드는 것이다. 그리고 이런 **적당함은 진정한 변화의 가능성을 조금씩 갉아먹는다**.

당신도 잘 알겠지만 삶의 위기와 유혹은 언제, 어떤 모습으로든 찾아올 수 있다. 그런데도 익숙한 습관에만 머무르며 긴장감 없이 적당히 하루하루를 넘긴다면, 결국 바뀔 기회마저 놓치게 된다. 나는 그런 이들을 지켜보며 절실히 깨달았다. **진짜 변화는 삶의 조건이 아니라, 태도에서 시작**된다는 것을.

한편, 내 팀원 중 한 명은 하루에 두 번 출근하며 자신의 시간을 조율해 냈다. 아이를 등원시킨 후 오전 10시에 출근해 오후 4시에 퇴근했다가 아이를 남편에게 맡긴 뒤, 저녁 8시에 다시 사무실로 나오는 삶을 선택했다. 그렇게 만든 루틴 덕분에 그녀는 빠르게 성과를 내고 커리어 패스를 밟아나갔다.

혹시 눈치챘는지 모르지만, 나는 구구절절 내 사연을 들려주는 걸 좋아하지 않는다. 여성이라서 힘들었다거나 육아가 곤욕이었다는 이야기를 꺼내고 싶지도 않다. 우리는 누구나 각자의 삶에서 고유의 무게를 감당하며 살아가고 있으니까. 그래서 이번에도 단지 당신에게 필요한 이야기만 전하고자 한다. 나는 특별한 재능이 없었기에, 오직 정석대로 해왔다. 그렇기에 더더욱 시스템을 믿을 수밖에 없었고, 그 시스템이 옳다고 믿었기에 끝까지 밀고 나갈 수 있었다. 이게 어쩌면 내가 버텨낼 수 있었던 이유였다.

나는 영업에 뛰어난 재능이 있는 사람은 아니다. 게다가 흡연도 하지 않고, 술도 즐기지 않는다. 영업 환경에서 자주 등장하는 스몰토크나 친밀감의 장이 나에게는 낯설고 어려웠다. 그래서 비공식적인 술자리나 사적인 만남 없이, 오로지 정식 미팅 자리만으로 관계를 쌓아야 했다. 사정이 이러했던지라 **내가 선택한 길은 단 하나였다. 정석대로, 꾸준히.**

정석대로 한다는 건 때로는 자신의 성향과 부딪힐 수도 있고, 두려움에 발목 잡힐 수도 있다. 제대로 시작하기도 전에 마음이 흔들리고, 자신감마저 무너질 수 있다는 걸 나도 안다. 따라서 더더욱 필요한 게 습관을 바꾸는 것과 그 새로운 태도를 내 몸에 익히는 일이다. 그 시간이 힘들 뿐이지, 그 시기만 견뎌내면 일은 자연스레 흐름을 타게 된다.

누구든 정착할 수 있다. 그러니 제발 이겨내 주길 바란다. 아무런 재능도 없던 나도 해냈고, 내게 교육을 받고 함께 걸어간 팀원들도 견뎌냈다. 이제는 그 주인공이 당신이었으면 한다.

서단장 스토리 ⑫

습관은 자신을 지키는 무기가 된다

믿거나 말거나, 난 매우 감성적인 사람이다. 눈물도 많고 여리다. 이런 내가 지금의 자리에 있을 수 있게 된 건 어디까지나 노력에 따른 결과다. 조금 더 구체적으로는 고객 발굴을 습관화한 덕이다.

하지만 많은 신입사원이 고객 발굴을 위한 노력을 하지 않는다. 방법을 잘 모르기도 하고, 경험이 없다 보니 교육을 받더라도 자세부터 움츠러들어 있다. 실패 속에서 성장하는 법인데, 작은 실패에도 주눅이 드는 거다. 그런 그들을 볼 때마다 안타깝다. 이럴 때는 극약처방을 내릴 수밖에 없다. 현장에서 직접 부딪히면서 깨지다보면, 어지간한 상처에는 무덤덤해지는 법이니까. 당연히 그 과정에서 마냥 당하기만 해서는 안 된다. 실패했다면, 무엇 때문에 실패했는지를 모두 기록해야 한다. 말 한마디, 표정, 타이밍 하나까지 놓치지 않고 돌아보며, 자신만의 답을 찾아야 한다. 이를 바탕으로 보완해 나가다 보면, 실수가 줄어들고, 실수가 줄면 실패도 줄어들기 마련이다. 이만한 지름길이 없다.

내가 이렇게 단언할 수 있는 건, 바로 내가 그 당사자였기 때문이다. 나 역시 간절한 시절을 건너왔다. 돈이 필요했고, 그래서 계약 한 건, 한 건이 천금처럼 느껴지던 때가 있었다. 이런 시기에는 누구라도 어깨가 움츠러들기 마련이다. 나도 마찬가지였다. 불안한 마음을 안고 현장에 뛰어들었고, 쓰디쓴 거절을 마주해야 했다. 목구멍이 뜨거워지고, 눈시울이 달아오르는 순간도 있었다. 그럴수록 나는 이를 더욱 꽉 물게 되었다.

더는 넘어지고 싶지 않았다. 흘린 눈물이 헛되지 않길 바랐고, 하나하나 쌓아 올린 내 노력이 무너지지 않길 바랐다. 거절당할 때마다 내 존재 자체가 부정당하는 듯한 서러움도 있었지만, 오로지 사람답게 살고 싶었다. 그렇지만 세상은 마음대로 움직여주지 않았다. 그러니 견딜 수밖에 없었다. 그렇게 버텨냈더니 놀라운 일이 일어났다. 거절에도 주눅 들지 않게 되었고, 실패해도 다시 길을 찾는 힘이 생겼다. 처음부터 다시 시작하는 게 두렵지 않게 된 것이다. **시스템을 믿고 실천했던 모든 습관이 나를 지켜주는 방패가 되어준 셈**이다.

내 팀원 중에는 성공해 보겠다는 의지 하나로 마산에서 대구까지 상경한 친구가 있다. 처음부터 쉽지 않은 길이란 걸 알면서도, 1년간 일부러 차도 없이 뚜벅이로 영업을 다녔는데, 현재는 나의 팀원답게 훌륭한 정통파로 성장해 있다. 물론, 성장하는 동안에는 참 안쓰러웠다. 고객만 만나고 오면 무조건 울었으니까. 심지어 새벽 3시에도 울면서 전화를 했다. 매번 그런 식이었다. 그렇게 울면서도 스스로 정해둔 스케줄을 소화했고, 내게서 피드백을 받아 갔다.

그녀는 왜 그렇게 울었을까? 왜 울면서도 일을 마무리했을까? 그게 바로 절실함이다. 스스로 바뀌지 않고서는 달라지는 게 없음을 알았던 그녀는 울면서도 멈추지 않았다. 내게 교육받았던 그녀는 변화가 습관에서 비롯됨을 강하게 믿었던 것이다. 그리고 그 믿음은 얼마 지나지 않아 성과로 보답받았다. 그뿐만 아니라 해피콜 달인이 되었다. 그녀와 계약을 체결한 이들이 적극적으로 그녀를 소개해 주고 있다. 그만큼 눈물로 쌓아올린 그녀의 탑이 단단하단 소리다.

혹시 스스로 멘탈이 약하다고 지레 겁을 먹고 있다면, 이번 에피소드를 마음에 담아두길 바란다. 정말 그녀는 매일같이 울었다. 작은 실수에도 자책하며 울었고, 실패에는 하늘이 무너진 것처럼 울었다. 다행히 울고 난 다음에는 마치 비 온 뒤의 땅처럼 단단해져 같은 실수를 반복하지 않았다. 그렇게 매번 한 발 한 발 조심스레 다음을 향해 내디뎌온 그녀는 이제 더는 울지 않는다. 모두 시스템 안에서 간절함으로 움직였기에 가능했던 성장이다.

PART 7. K.A.S.H의 힘을 증명한 사람들

K.A.S.H는 단체 이직도 가능하게 한다

　전체 인터뷰를 마치고, 녹음 파일을 지겹도록 되감으며 들었다. 저자 스스로 생각이 잘 정리되어 있었던 만큼 전달할 내용이 매우 촘촘했다. 전문적인 내용으로 깊어질 듯하거나 중복되는 내용이라면 가차 없이 잘라내도 여전히 분량은 상당했다. 그 와중에 별도로 담기에는 애매해서 담겨둔 에피소드가 아까웠다. 그래서 급한 마음에 작가에게 메시지를 남겼다.

　수림: 늦은 시각에 죄송합니다만, 하나만 더 이야길 해주셨으면 해요. 팀원들과 단체로 이직을 했던 일에 관해서 말입니다. K.A.S.H를 믿어서였다고만 말씀하셨는데, 당시 상황을 자세히 알 수 있을까 해서요.

　운화: 아, 계열사를 옮긴 스토리요? 간단해요. 일단 제가

좀 답답했어요. 더 잘할 자신이 있는데, 더 잘하려니 이런저런 문제가 있었죠. 예를 들자면, 설계사들이 대리점 채널과 충돌하는 일이 빈번하고, 당시 트렌드와도 멀어지는 느낌을 받았어요. 그런데 이게 저에게만 해당하는 사항이 아니었어요. 우리 팀원들도 느끼고 있었죠. 심지어 소비자들도 영리해져서 더 다양한 채널, 더 다양한 상품과의 비교를 원하는데, 그게 쉽지 않았거든요. 그래서 더 도전하고 싶어서 이직하기로 한 거죠.

수림: 하지만 3개월간 무직 상태로 있어야 한다는 페널티가 있었잖아요. 그걸 팀원들도 모두 감수하면서 함께 옮긴 거고요. 이게 일반적인 경우가 아니잖아요? 어째서 그런 결속이 있을 수 있었냐 하는 거죠. 당장 지금까지 들은 내용으로는 솔직히 좀 부족하다고 생각되거든요.

운화: 제가 우리 팀에게 강조한 건 오로지 K.A.S.H가 전부였어요. 따로 뭘 더 요구한 것도 없고요. 여러 번 강조했지만, 영업은 단박에 홈런을 치려고 하면 탈이 납니다. 대신 제대로 기본을 갖추기만 하면 꾸준한 성적을 내게 되죠. 그런데 그걸 함께하는 동안 정말 제 말대로 된다는 걸 팀원 모두가 겪어본 겁니다. 그래서 신뢰할 수 있었던 거겠죠.

수림: 그럼, 그 팀원들의 이야길 개별적으로 다룰 필요가 있겠네요. 챕터를 하나 더 늘려야겠어요. 분량이 그만큼 늘어나겠지만, 독자들을 설득하기에는 더없이 좋은 사례라고 생각합니다.

운화: 좋아요. 전 그저 우리 컨셉에서 멀어지지만 않으면 되니까요.

예상대로 시원시원한 답변이었다. 그리고 연이어 울리는 메시지 알림이 그녀의 열정을 대변하는 듯했다.

운화: 조금 덧붙여서 이야길 해드리자면, 상상하는 만큼 낭만적이지는 않았어요. 한 마음으로 옮겨온 것까지는 좋았지만, 그때부터가 진짜 시작이었죠. 제가 구상하던 시스템대로 팀을 꾸리는 데에만 대략 2년 6개월의 시간이 들었으니까요.

수림: 결국에는 같은 메트라이프 그룹의 일부이고, 보험 영업이라는 직종은 같은데도 시간이 그렇게 걸렸다는 겁니까?

운화: 같아도 다르죠. 아주 다릅니다. 큰 색깔은 비슷할지

몰라도 결국 이전 회사, 이전 팀에서 운영하던 시스템과는 다를 수밖에 없어요. 제가 지원받을 수 있는 부분에도 차이가 있고요. 어쨌든 제 입으로 말하기는 그렇지만, 고생 좀 했습니다. 매니저라 할 만한 사람도 없었고, 교육 매니저도 없어서 제가 직접 다 챙겨야 했으니까요. 그래서 단순히 인재를 모으는 데 그치지 않고, 시스템 다듬기까지 꽤 오랜 시간을 투자할 수밖에 없었어요. 시행착오가 상당했죠. 주변에서는 제가 너무 더딘 방법을 택했다고 핀잔을 주기도 했고, 진심으로 걱정하며 충고하는 이들도 있었지만, 전 제가 처음 구상했던 그대로 강행했습니다. 그게 저의 장기 프로젝트였으니까요. 그만큼 확신도 있었고요. 처음부터 K.A.S.H가 핵심이었고, 그걸 바탕으로 팀원 개개인의 특징을 극대화해 주고자 했거든요.

수림: 당장 듣기에도 뭔가 팍팍한데요?

운화: 인원 채용부터 우여곡절이 많았어요. 면접은 깐깐했고, 타 업체에도 스카우트 제안을 열심히 했더니 모 업체에서는 저를 블랙리스트로 관리하기도 했죠. 자기네 직원들에게 제가 전화하면 받지도 말라고요. 호호. 그렇지만 이제는 다들 인정하는 분위기입니다. 제가 직접 데려온 사람 중

에서는 잠재력을 키우거나 성장한 사람이 훨씬 많으니까요.

수림: 그럼, 그렇게 모인 팀원에게 K.A.S.H만 이야기했다고요?

운화: 그저 기본을 강조했을 뿐이에요. 그렇게 함께 매출 분석을 하고, 피드백해 주는 과정에서 같이 강점을 발견했고요. 그 후에는 결국 영업은 개척이 가능해야 하니, 강점을 브랜드로 만들어서 최대한 활용하는 방안을 고민했죠. 당연히 사이사이에 태도와 습관과 관련해 끊임없이 전달했습니다.

수림: 결론적으로 시스템이 정비되었다고 판단되는 시점부터는 팀원들이 고르게 성적이 좋았고, 그래서 이직의 뜻을 밝혔을 때 대부분의 팀원이 함께 이직을 했다는 건가요?

운화: 네, 바로 그겁니다. 그게 전부입니다.

수림: 그렇다고 하더라도 여전히 믿기 힘드네요. 하하.

운화: 참고로 전 팀원들에게 이달의 챔피언이나 올해의 챔

피언을 욕심내지 말라고 합니다. 그보다는 영업은 롱텀 비즈니스(long term business, 장기 사업)임을 강조하죠. 회사 입장에서도 단기적으로 반짝이고 빛을 다하는 소모적인 인력보다 꾸준히 안타를 쳐주는 안정적인 인재를 원하고요.

수림: 그렇군요. **결국 장기적인 관점으로 시스템을 활용하여 오늘보다 나은 내일로 성장하면 된다**는 뜻이네요. 그 **과정에서 시대 변화를 읽으면서 트렌드를 더하고, 진심으로 전력을 다하면, 결국 소개가 소개를 물고 계속 이어질 수 있다**는 거고요. 그렇게 해서 평균 계약 건수가 늘어나 유지된다면, 그게 진정한 매출 즉, 실력이라 할 수 있는 것이고요.

운화: 네, 맞습니다. 당시 팀원들은 팀의 시스템이 완성되어 슬슬 탄력을 받을 때였고, 다들 그만큼 안정적으로 실적을 냈던 만큼 우리가 이룬 시스템과 K.A.S.H에 대한 믿음이 컸습니다. 그러니 함께 옮길 수 있었죠. 그런데 이런 이야기보다 몇몇 팀원의 사례를 들려드리는 게 좋겠네요. 루틴 대마왕인 제 남편의 스토리부터 풀어볼까요?

채팅 메시지를 보다 말고 웃음을 터트리고 말았다. 대체 어느 정도까지 해야 대마왕이란 소릴 듣게 되는 걸까 싶어서. 난 망설이지 않고 웃는 이모티콘을 보냈다. 밤이 깊어가고 있었지만, 채팅은 이제 막 시작을 알리고 있었다.

루틴만 지켜도 성과를 부른다

제일 처음 언급된 건 적성검사였다. 해당 직종과 내 성향이 잘 맞는지 점검하는 테스트인데, 메트라이프 그룹에서도 예비 입사자에게 실시한다고 한다.

운화: 사실 그건 정말 말도 안 되는 점수거든요. 적성검사에서 보통은 65점에서 80점 사이로 나와요. 80점을 넘겨도 곤란하고요. 그건 일부러 답을 편향적으로 작성했거나, 진짜 성격이 왜곡된 경우에나 나오는 점수니까요. 반대로 20~30점 이하다? 말 그대로 영업과는 완전 거리가 먼 거죠. 타고난 성격이 영업을 할 수 없다고 봐야 할 점수입니다.

수림: 그럼, 남편 분은 적성검사에서 몇 점이 나왔나요? 50점? 40점?

운화: 불행히도 24점.

수림: 하하하! 그럼, 적성검사에서 이미 탈락 아닙니까?

운화: 그땐 제가 매니저였어요. 아직 이직하기 전이니까요. 그렇다 하더라도 지점장님의 수락을 받아야 했어요. 당연히 신랑의 점수를 보고는 반대했죠. 그런데 제가 책임지고 교육시키겠다고 겨우 설득해서 주저앉혔습니다.

수림: 굳이 왜 그렇게까지 적극적으로 영업을 가르치려고 하셨던 거죠?

운화: 제 남편과 더 나은 결혼 생활을 하고 싶었으니까요. 그이는 자기 매장을 둔 사업주였어요. 그래서 그런지 계속 정적으로만 흐르는 거 같더라고요. 반면 전 영업직을 하고 있어서인지 이리저리 깨지기도 하고, 만나는 사람도 점점 늘어났죠. 이런 제가 남편을 바라보면 늘 고요했어요. 대화도 그 자리에 계속 머물러있고요. 그러다 '아, 이러다가 대화 자체가 어려워질 수도 있겠다.'라는 생각이 들었죠. 뭐, 비약이라면 비약입니다. 제가 남편의 개성을 덜 존중한 것일 수도 있고요. 그래서 슬쩍 이야기를 꺼냈더니 웬일로 이

번에는 제 말에 잘 따라와 주더라고요. 본인도 삶의 변화를 원하긴 했었나 봐요.

수림: 그래서 적성검사 24점이 나온 낭군께서는 무탈하게 잘 적응하셨나요?

운화: 그럴 리가요. 실적이 나오지 않았죠. 그이는 천성이 관리자입니다. 솔직히 영업인은 아니죠. 그래서 뭔가 유의미한 성과라고 말하기까지 꼬박 1년이 걸렸어요.

수림: 그럼, 1년을 버틴 거네요. 조급하기도 하고, 일이 틀어질 때마다 스트레스도 많이 받았을 텐데 대단하시군요. 어떻게 그 시간을 견뎌서 결과를 만든 겁니까?

운화: 말했지만 그는 루틴 대마왕이에요. 농담이 아니라 아마 그이처럼 꾸준하게 한 우물을 파는 사람은 없을 거예요.

수림: 그럼, 남편 분만의 특화된 루틴이나 기술이 있을까요?

운화: 우리 대표님, 이제까지 센스가 좋다가 왜 이러실까요? 호호. 그런 건 없어요. 그저 남들이 잘 알면서도 하지

않는 걸 했을 뿐입니다. 쉬거나, 거르는 것 없이. 꾸준하게.

수림: 조금만 더 구체적으로 말씀해 주세요.

운화: 정해진 시간에 출퇴근하는 건 기본이었고요. 타고난 관리자답게 스스로 분석하기 위해 메모와 기록을 했어요. 상담일지 정리, 교육 파일 정리, 메모 세분화하여 폴더로 정리. 이런 걸 꾸준히 했을 뿐입니다. 세부적인 부분이야 저도 옆에서 거들었지만, 따로 뭔가를 특별히 더 주문한 건 없었어요. 그래도 불평불만 없이 제가 알려주는 내용대로 실천하면서 약한 부분은 보완하고, 잘되는 부분은 더욱 강점으로 삼으면서 그렇게 1년을 버텼죠. 그랬더니 실적이 꾸준하게 나오기 시작하더군요.

수림: 그럼, 그 1년간 실적이 대단하지 않아도 꾸준히 성장했다는 거네요.

운화: 네, 정확히요. 그 1년간 겉으로 수치화되어서 당장 드러나지 않았지만, 단 한번도 포기하거나 멈추지는 않았죠. 그 사람은 제 말을 믿고, 장기 플랜을 향해 꾸준히 달린 겁니다. 매번 강조하지만, 제 교육이나 관리법에 뭔가 특별

한 게 있지 않아요. 중요한 건 태도와 습관이죠. 남편은 일에 임하는 자세가 진지했고, 포기할 줄 몰랐습니다. 사람을 나서서 만나는 게 타고난 성격과 맞지는 않았지만, 보완해야 할 부분이란 걸 정확히 인지했죠. 그래서 1년간 습관으로 만든 겁니다.

수림: 들을수록 근성이 정말 대단한 분 같네요. 성격과 맞지 않는 일을 하는 것만큼 심적으로 고된 것도 없는데 말이죠.

운화: 네, 적성검사 24점인 양반이 그렇게 10년 차가 되었어요. 이제는 8명의 팀원을 둔 팀장이고요. 그가 팀에서 배출한 커리어 패스 팀원만 10명입니다.

수림: 와우, 이젠 정말 베테랑이 되었네요!

운화: 네, 제 남편이지만 인정합니다. 지금은 한 금융회사의 팀장으로 정말 잘 해내고 있으니까요. 호호.

흔들리지 않는 의지로 멀리 보라

운화: 제 기억으로 직원 에피소드로 2명 더 언급했던 듯한데 맞나요?

수림: 네, 느리다고 입버릇처럼 얘기했던 분과 가망 고객만 만나고 오면 계속 울었던 분이요.

운화: 네, 매우 사랑스런 사람들이에요. 그러고 보니 스스로 느리다고 한 팀원은 대표님과 결이 비슷하겠어요. 예전에 소설을 썼다고 했거든요.

수림: 그래요? 갑자기 더 궁금해지네요.

운화: 뭔가를 끊임없이 배운 분이에요. 떡 가게 운영도 해

보고, 보험 영업을 하기 직전 직업은 호텔리어였고요.

수림: 매력적인 일은 다 해본 분 같은데요? 하하.

운화: 그런데 일을 시작한 이후로 엇나간 적이 없어요. 사실 우리 일을 하면서 배우고 싶은 게 많다는 건 장점이에요. 그 과정에서 사람도 만날 테고, 성장할 기회도 찾아오니까요. 한마디로 자기 계발의 일부로 발전시킬 수 있죠. 그런데 그분이 그렇게 연관 지어 발전시켰는지는 모르겠습니다만, 제가 곁에서 지켜보기로는 그저 단 하나였어요.

수림: 엇나가지 않고, 묵직하게? 남편 분처럼?

운화: 네, 맞아요. 실적이 안정화되기까지는 적성검사 24점인 제 남편보다도 오래 걸렸어요. 그래도 결국 커리어 패스를 하더라고요. 7년 만에. 스스로 느리다, 느리다, 입버릇처럼 말하고 다녔지만, 결코 느린 게 아니었던 거죠. 10년, 15년 넘게 일해도 커리어 패스 못해본 사람이 수두룩하니까요.

수림: 역시 **단기적인 결과보다는 장기 플랜에서 흔들리지**

않고 집중하는 게 중요한 거 같군요.

운화: 네, 그런 점에서 울보 친구도 대단한 거죠. 그렇게 울면서 일하더니 이제는 MDRT까지 되었어요.

수림: MDRT요?

운화: 쉽게 말해, 연봉이 억 단위에 이르렀다고 보면 되겠어요. 우리 업계에서는 꽤 상징적인 겁니다. 물론, 제가 좀 혹독하게 가르치긴 했어요. 울지 좀 말라고. 그랬더니 언제부터인가 별명이 제 미니미가 되어 있더라고요. 제게 교육받은 그대로 아니, 그 이상으로 엄격하게 한다고 해서 그렇게 불렸답니다. 그래서 다행이다 싶었는데, 시간이 얼마 지나지 않아 오지라퍼로 불리더라고요.

수림: 오지라퍼요?

운화: 감성적인 성향이라고 했었죠? 천성이 다정한 친구예요. 눈물도 많고요. 그래서 남의 일이 자기 일 같았나 봐요. 심지어 옆 팀 신입사원을 곁에서 챙겨주는 겁니다. 상담도 해주고, 로드맵도 짜주고요. 덕분에 제가 고마웠죠. 팀장들

의 부족함을 서로 채워주는 분위기를 만들어줬으니까요, 호호.

수림: 멘토를 자처하고 다녔던 거군요.

운화: 네, 본인이 그렇게 마음고생을 했던지라 다른 사람들은 그러지 않았으면 하는 거죠. 그렇게 보드라운 성격인데, 거절당하고, 마음에 없는 말도 해야 했으니 쉬웠겠어요? 정말 싫었던 거죠. 성공에 대한 절실한 의지가 없었다면, 변화에 대한 갈망이 없었다면, MDRT가 다 뭐겠어요? K.A.S.H를 알았다 해도 뒤도 돌아보지 않고 달아났겠죠.

수림: **결국 습관을 유지하는 건 자신의 강력한 의지라는 거**군요.

운화: 네, 맞아요. 결국엔 의지가 강해야 합니다. 변화는 쉽게 찾아오지 않으니까요.

K.A.S.H, 동네 고깃집에서도 빛을 발하다

수림: 이제 제가 정말 재미있어했던 그분 이야기만 추가하면 될 거 같네요.

운화: 아, 숯불갈비 식당에 K.A.S.H를 응용했던 팀원이요?

수림: 네, 바로 그분!

운화: 스치듯 언급했는데도 다시 얘기하는 걸 보니 꽤 인상적이었나 보네요. 하긴, 신기한 인연이긴 해요. 처음엔 설계사와 고객 사이로 만났으니까요.

수림: 그래요?

운화: 네, 그 친구는 당시에 모두가 알 법한 인테리어 브랜드 회사에서 일하고 있었어요.

수림: 정규 사무직으로요?

운화: 아뇨, 매장에서 디자인 설계와 고객 응대를 했어요. 거기에는 제 남편 지인이 소개해 준 분도 함께 일하고 있었고요. 그래서 소개를 받고 현장에 방문했는데, 직장 동료에게 보험 영업 사원이라는 소릴 듣고는 냉담하게 반응했죠. 담배 피우러 나간다면서 자리를 30분씩이나 비우기도 하고요.

수림: 30분씩이나요?

운화: 나중에 알고 보니 마주치면 자기한테도 영업할까 봐 미리 피했다지 뭐예요. 호호.

수림: 그랬던 사람이 팀원이 되었다고요?

운화: 맞아요. 앞서 소개받은 분을 컨설팅 해드리기 위해 몇 번 들락날락하다가 제대로 인사를 나누게 되고, 소액의 저축형 상품을 계약했죠. 그러고 얼마 지나지 않아서 보험

영업 사원은 어떻게 될 수 있는 거냐고 묻더라고요. 그게 발단이 되어 우리 팀에 들어오게 되었죠.

수림: 그럼, 얼마나 일을 하다가 식당을 창업했나요?

운화: 대략 6년요. 교육을 이수한 이후로는 꾸준히 평균 실적을 냈죠. 그사이 1억 5천만 원가량을 모으더라고요.

수림: 평균만 유지했는데도 그 정도라고요? 아, 저도 업을 바꿔야 할까 봐요. 하하.

운화: 원래 가정 형편이 넉넉했던 걸로 알아요. 그래서 시작이 수월하긴 했을 겁니다. 그래도 성실했던 거죠. 억 단위로 저금을 했다는 건 특별히 크게 소비한 건 없다는 소리니까요. 그만큼 부지런히 활동한 것도 사실이고요.

수림: 그럼, 그 돈으로 창업을 한 겁니까?

운화: 결과적으로 완전 틀린 말은 아닐 거예요.

수림: 네? 그게 무슨 말씀이시죠?

운화: 정확하게는 그 돈으로 장가를 갔어요. 식당 운영을 이미 잘하고 있던 처가로요. 호호.

수림: 하하! 그럼, 단순히 처가 덕을 본 게 아닙니까?

운화: 일부만 맞아요. 왜냐하면 사위가 운영권을 넘겨받은 이후부터 확 달라졌거든요. 원래도 소소하게 맛집이라고 소문났던 가게였지만, 그 친구가 판을 바꿨죠. 손님도 훨씬 많이 늘고, 프랜차이즈로 만들어서 분점도 냈거든요.

수림: 특별한 비결이 있었나요?

운화: 비결이라면 K.A.S.H죠. 식당 운영에 K.A.S.H를 접목했어요.

수림: 당장 듣기만 해서는 그림이 안 그려지네요. 어떻게 접목시켰다는 거죠?

운화: 직원 교육에 활용했어요. 음식점 홀에서 이루어지는 고객 응대 서비스는 무엇보다 중요하잖아요. 그래서 **올바른 태도가 자연스럽게 습관이 되도록 만든 거죠**. 보험 회사

에서 조회 시간마다 마인드셋으로 하루를 시작하듯, 그 친구도 항상 전 직원 조회를 마친 뒤에 일을 시작했어요. 아마 지금도 이 방식을 꾸준히 이어가고 있을 겁니다. 그런 과정을 통해 직원들 마음속에 좋은 태도가 하나의 신념처럼 자리 잡도록 늘 신경 쓴 거죠.

수림: 그런데 고객 응대 서비스가 중요하긴 합니다만, 매일 조회를 할 만큼 교육받아야 할 내용이 많을까요?

운화: 동네 식당 운영하면서 교육할 게 그리 많으냐고 생각할 수도 있긴 하죠. 하지만 체인점으로 만들 계획이 있다는 건 전국을 대상으로 운영하겠다는 포부이고, 어떤 지점을 방문하든 모든 손님이 똑같은 서비스를 누릴 수 있어야 한다는 말이기도 하죠. 그래서 **RP 연습**도 한다고 들었어요.

수림: RP는 또 뭔가요?

운화: 'Role-Playing'의 약자인데요. 고객의 입장과 상황을 가정하고, 미리 대응하는 연습입니다. 영업 현장에서 당황하지 않기 위해서 사전에 시뮬레이션을 많이 해둘수록 유리하죠.

수림: 아, 그런 거라면 대충 압니다. 텔레마케터들이 세세하게 짜인 스크립트를 보고 대처하는 것과 비슷하겠네요.

운화: 네, 잘 알고 계시네요. 상황은 아주 많겠죠. 숯불갈비집이니 숯 갈아달라는 요청에 대한 스크립트도 있을 수 있고, 서비스가 불가한 품목인데 무작정 조르는 손님에 대한 해결책도 있을 테고요. 이렇게 발생할 수 있는 여러 일과 관련해 최대한 세세하게 각본을 짜두고 미리 직원들에게 숙지시키는 게 관리자의 할 일인 겁니다. **상황이 터질 때마다 사장이나 매니저를 부를 게 아니라, 현장의 담당 직원이 바로바로 대응할 수 있도록 사전 연습**을 철저히 하는 거죠.

수림: 듣고 보니 정말 대단하군요. 정말 K.A.S.H가 모든 업종에 다 적용 가능하겠구나 하는 생각도 들고요.

운화: 정말입니다. K.A.S.H는 모든 업종에 적용이 가능해요. 저는 요즘 같은 불황에 마스터키가 될 수 있다고 확신합니다. 이걸 어떻게 접목하느냐, 얼마나 단기간에 태도를 습관화하느냐는 개인 역량 차이일 뿐 K.A.S.H가 밑바탕이 되면, 결과는 좋아질 수밖에 없다고 확신해요.

가망 고객 발굴도 전략 분석이 우선이다

운화: 다른 업종에도 얼마든지 적용 가능하다는 걸 제 친구 사례를 통해 또 알려드리죠.

수림: 어떤 사례일까요?

운화: 그 친구는 요양센터를 운영 중인데요. 하루는 연락이 왔어요. 제 영업 실력을 높이 사서 도움을 바란다고요.

수림: 할아버지, 할머니를 모셔 와 달라고 하던가요?

운화: 맞아요. 제게 묘안이 없겠냐고 물어보더군요. 호호.

수림: 그래서 알려주셨어요?

운화: 전 어려울 게 없죠. 요즘 이렇게 컨설팅해 주고 고액의 사례비를 받는다던데, 이런 요청을 받을 때마다 관련 사업을 해볼까 싶기도 해요. 호호.

수림: 저도 귀가 솔깃해지는데요?

운화: 아무튼 친구에게 물어봤습니다. 그래서 뭘 하고 싶은 거냐고요. 또 이상적인 요양원의 모습에 관해서도 질문했죠.

수림: 신념을 점검하고, 목표 의식을 재점검한 거네요? 이건 어떤 단계에 속하는 거죠?

운화: **세일즈 프로세스 7단계에서 가망 고객 발굴을 위한 사전준비 단계**로 볼 수 있어요. 한마디로 **전략 분석**. 그래서 차근차근 물어봤죠. 운영하고 있는 요양원의 장점부터 이용자들이 어떤 경로로 유입되는지, 현재 유입자들 수준이 기대치에 부합하는지 등을요. 여기까지 파악한 이후에는 타 업체와 비교를 해보라는 과제를 줬고요.

수림: 타 업체요? 경쟁사와의 비교 분석인 걸까요?

운화: 네, 비교 분석은 기본이고, 타 업체에 직접 방문해 소개받을 생각도 해봐야 해요.

수림: 아니, 경쟁 업체인데 그렇게 친절하게 대해줄 리가 없잖아요?

운화: 얼마든지 물어볼 수는 있죠. 그리고 꼭 답을 얻지 못해도 괜찮아요. 물어본다는 핑계로 그곳 분위기를 살펴볼 좋은 기회니까요. 이때 당장 한 명을 더 유입시키는 게 중요한 게 아닙니다.

수림: 그럼요?

운화: 우리의 목표는 **입소문의 흐름을 파악**하는 데 있어요. 쉽게 말해, 숨어 있는 **키 맨(Key man)을 찾는 작업**을 하는 겁니다. 그게 요양원마다 다르겠죠. 어떤 곳은 지점장의 영업력이 좋을 수도 있고, 어떤 곳은 입소자 할머니가 소문을 냈을 수도 있어요. 그게 무엇이 되었든 경쟁 업체로부터 배우는 게 핵심이에요. 그리고 따라 해 보는 거죠. 영업력이 좋은 대표나 사원이 있다면 작은 팁이라도 알려달라고 정중하게 부탁도 해보고, 마당발로 소문난 어르신을 입소

시켜 보기도 하면서요.

수림: 요약하자면 가망 고객 발굴을 위해 기본적인 전략 분석을 하고, 나의 수익 구조부터 재점검하라는 거네요.

운화: 바로 이해하셨네요. **무턱대고 가망 고객부터 발굴하는 데 집중해선 곤란해요.** 뿌리부터 제대로 점검해야죠. **가망 고객이 우리 시스템 안으로 들어왔을 때, 과연 만족할 수 있을지, 실제로 상품 결제까지 이어질지, 나아가 입소문이 날 만큼 매력이 잘 전달될 수 있을지를 객관적으로 먼저 검토**해야 합니다. 그런 다음 전단지 배부나 사이트 홍보를 해도 늦지 않아요. 이미 제가 말씀드린 가망 고객을 발굴하는 다양한 방법이 있잖아요? 그 방법들을 조금씩 변형해 활용하더라도, 이처럼 기본적인 전략 분석이 끝난 후에 시도해야 합니다.

수림: 당장 저에게도 유용한 정보인데요? 제게도 적용해 봐야겠습니다. 정말 재미있겠어요.

운화: 호호. 정말요? 덕분에 실컷 떠든 보람이 있네요.

프로세스 7단계는 누구든 움직이게 한다

수림: 이번 프로젝트로 인해 제가 공부가 많이 되었네요. 진심입니다.

운화: 얻은 게 있다니 기쁘네요.

수림: 인터뷰하는 내내 생각했습니다. '이 부분을 내 사업에 다 적용한다면 어떻게 될까?' 하고요. 특히 마지막에 주고받은 메시지가 여운이 오래 남았어요. 덕분에 고민을 좀 했죠.

운화: 오, 그래요? 어떤 고민이었는지 궁금하네요.

처음으로 녹음기 없이 만났다. 모든 내용은 이미 정리가 끝났기에 마음이 꽤 편한 상태였다.

수림: 출판업 전체라기보다는 근본적인 글쓰기에 접목해 봤어요. 정확히는 신인 작가들을 위한 시뮬레이션이죠. 저처럼 시나 소설을 쓰는 문예 장르 신인들은 기획 출판이 정말 어렵거든요. 그래서 그들을 위한 로드맵이라고나 할까요?

운화: 와! 솔깃한데요?

수림: 한번 들어보시겠어요?

운화: 영광입니다!

괜스레 우쭐한 기분이 들어 잠시 뜸 들이다가 입을 열었다.

수림: 먼저 가망 고객을 발굴해야겠죠. 그다음은 접근해야 할 테고요. 그런데 보통 신인들이 이런 고민을 하지 않습니다. 전략 분석 없이 무작정 플랫폼에 바로 글을 올리죠. 특히 웹소설이 그렇습니다. 플랫폼 생태계가 틀이 잡혀 있다 보니 무작정 돌격하죠. 시도 마찬가지입니다. SNS에 글부터 써서 올리죠. 전략 분석을 한 후에 가망 고객을 찾거나, 접근하는 게 아니라 내 상품부터 던지고 보는 겁니다.

운화: 그래요? 잘은 몰라도 세일즈하는 입장에서 듣기에는 그게 될까 싶은데요?

수림: 잘될 턱이 없죠. 아니, 잘될 수도 있지만 낙타가 바늘구멍 통과할 정도로 힘들죠. 똑같은 방법으로 도전하는 경쟁자가 무수히 많으니까요. 그러니 결과도 더디게 드러나고요.

운화: 그렇지만, 상품의 태생적인 차이도 고려를 해봐야 하잖아요.

수림: 그러니 관점을 바꿔야겠죠. 가망 고객 발굴을 플랫폼에만 의존해 왔다면, 다시 말해 플랫폼에 무작정 작품을 던져놓고 잠재적 독자를 기다리기만 했다면, 그 방식을 과감하게 버리는 겁니다. 똑같이 플랫폼에 작품을 등록하더라도 등록하기 전 사전준비와 기준을 재점검하는 거죠. 즉, 기본 전략 분석을 강화하는 것입니다.

운화: 꽤 근사한데요.

수림: 또 가망 고객 발굴은 독자층을 파악하는 작업과 같다고 봐요. 이를 위해 가장 먼저 해야 할 일은 내가 추구하는

글쓰기 형태를 명확히 파악하는 것입니다. 쉽게 말해, 시, 소설, 에세이, 인문 교양 등 다양한 장르 중에서 본인이 쓰고자 하는 스타일을 분명히 정하는 것이죠. 그런 다음, 같은 시라고 하더라도 감성적인 작품을 쓸 것인지, 언어 예술을 펼치고 싶은지, 소설이라면 철학적 사유를 담은 문학 소설을 쓸 것인지, 마니아층을 겨냥할 웹소설을 쓸 것인지를 결정해야 합니다. 그뿐만 아니라 여러 카테고리에서 내 작품이 어디에 놓이게 될지도 고려해야겠죠. 한마디로 내가 꾸준히 소화할 수 있는 틀을 구체화해야 한다는 얘기입니다.

운화: 그게 기본이라고 생각하는데, 그렇지 않은 사람이 많다는 뜻인가요?

수림: 놀랍게도 그래요. 본인의 스타일 또는 역량을 점검하기보다는 트렌드만 좇기도 하거든요.

운화: 그렇군요. 전혀 몰랐어요.

수림: 그럼, 이 다음엔 무엇을 해야 할까요?

운화: 글쎄요…….

수림: 내가 추구하는 스타일과 가장 유사한 카테고리를 선호하는 이들의 성별, 연령대 등 계층의 특색을 확인해 봐야겠죠. 가령, 로맨스 판타지는 여성 독자가 압도적입니다. 연령대도 다양하지만, 20대 여성들이 도드라지죠. 학업과 취업으로부터 받는 스트레스가 상당해서 회귀, 귀족사회 같은 비현실적이면서도 이상적인 세계관이 매력적으로 보이는 겁니다.

운화: 현재 타깃 분석까지 아주 탁월하네요.

수림: 이렇게 분석을 마친 후에는 블로그, 인스타그램을 비롯한 SNS 계정을 활용합니다. 플랫폼에 당장 공유하는 게 아니란 거죠. 이 단계가 중요한 이유가 있습니다. 실전에 돌입하기 전에 독자가 좋아할 요소를 조금이라도 더 확보할 수 있거든요. 내 글에 관심을 보이는 이들에게 먼저 피드백을 받고, 부족한 부분을 수정 보완할 기회를 만들 수 있다는 의미죠. 이 밖에도 SNS 계정 운영을 비롯한 이미지 브랜딩과 관련해서도 할 이야기가 많지만, 여기까지만 말씀드릴게요.

운화: 아니, 벌써 그런 고민까지 끝났다고요?

수림: 하하. 그게 제 일이니까요. 가망 고객 발굴과 접근 방법까지 구상을 마쳤고, 그 과정에서 자연스레 욕구 파악까지 정리가 되더라고요. 이를 바탕으로 플랫폼에 진입하는 거죠. 그렇다고 즉시 진입해서는 안 되겠지요. SNS 계정을 통해서 작품의 기획안 등을 먼저 공개해야 합니다. 상품 제안을 하는 거죠. 잠재적 독자들에게만 알리는 게 아니라, 프로모션을 기획하는 출판사 에디터들까지 볼 수 있도록요.

운화: 그럼, 이의 제기는요?

수림: 초반에 연재 내용을 충분히 올려둘 수도 있고, 이미 형성된 팬들의 지원 사격을 받을 수도 있죠.

운화: 미리보기 유료 결제 시스템을 말씀하시는 거군요. 팬들과 소통하면서 사후 관리를 하면 되겠고요.

수림: 네, 웹소설을 예로 들었을 때 그렇습니다. 그렇지만 제가 진짜 몰입 중인 쪽은 일반 정통 소설입니다. 문학 소설과 장르 소설 그 어디쯤이라고 할 수 있지요. 독자가 소수로 존재하지만, 정말 제가 만나고 싶은 이들이에요. 그래서 이와 관련한 세부적인 설계도 해뒀습니다.

운화: 우와! 그럼, 이제 그렇게 도전할 건가요?

수림: 이미 하고 있었다고 봐야죠. 다만, 이전까지는 저도 잘 모르고 시도했던 부분들이 체계적으로 정리되는 느낌입니다. 올해는 예정된 작업물들이 있으니 빠르면 내년, 늦더라도 그다음 해라도 방금 말씀드린 내용을 정리해서 도서로 출간하고 싶습니다. 아니, 그렇게 할 겁니다.

운화: 기대하고 있을게요!

나는 다시 커피잔을 들고, 씁쓸한 원두 향에서 성공의 예감을 음미했다.

에필로그
변화는 오로지 스스로 줄 수 있는 선물이다

"사람은 고쳐 쓰는 게 아니다"

상대방에게 실망한 사람들이 심심찮게 하는 말 중 하나다. 여기에는 여러 번 기회를 줬음에도 기대에 미치지 못해 포기했다는 의미도 담겨있다. 정말 사람의 천성은 고쳐지지 않는 걸까? '세 살 버릇 여든까지 간다.', '제 버릇 개 못 준다.'라는 속담도 있는 걸 보면, 무언가를 바꾸거나 변화시키는 게 쉽지 않은 듯하다. 정작 나조차도 의식하지 않으면 오랜 습관이 그대로 드러나니, 상대가 달라지길 바라는 건 어쩌면 기적이 나타나길 원하는 것과 같지 않을까 싶다.

이렇게 누군가가 변화하길 기다리기보다 내가 달라지는 편이 더 빠르다. 타인에게는 강요할 수 없지만, 나 스스로 바꾸겠다는 의지만 있다면 충분히 해낼 수 있으니까. 그리고 그 경험을 바탕으로 변화를 주도할 수도 있다.

이제 와서 말하지만 사실 K.A.S.H는 변화를 끌어내는 마스터키가 아니다. 이게 무슨 뚱딴지같은 소리인가 싶겠지만, 그저 변화의 과정을 도와주는 조미료 정도에 불과하다. 결국 핵심은 개인의 의지다. 굽히지 않는 열정으로 될 때까지 해내겠다는 의지가 있어야 한다. 물론, 이런 의지를 품기란 쉽지 않다. 주변 환경까지 바꿔야만 의지가 꺾이지 않을 수 있기에 살아온 뿌리를 바꾸는 일과 다름없기 때문이다. 그렇지만 이 책을 선택한 당신만큼은 부디 멈추지 말고 끊임없이 도전하길 바란다.

한편, '매일 다른 사람과 점심 식사하기'는 스타벅스 전 CEO인 하워드 슐츠의 습관이다. 좋은 사람들을 주변에 둠으로써 정체되거나 관점이 고정되는 상황을 막기 위해 그가 선택한 방법이다. 또 새로운 사람들을 만난다는 건 익숙함을 내던지겠다는 의지이기도 하다. 아마도 그는 적당한 긴장감을 동반한 만남을 통해 제3자의 관점으로 세상을 바라보는 시간을 가지면, 그 자체로 자극을 받을 수 있음을 잘 알았던 게 아닐까 한다.

나는 이런 하워드 슐츠의 모습에서 배움을 멈추지 않겠다는 마음가짐을 보았다. 그리고 나는 이를 따라 하는 데 그치지 않고, 나만의 시스템으로 바꿔볼 계획을 세우고 있다. 그 과정에서 분명 나의 인적 네트워크는 한 차례 더 변화를 맞이하리라 예상한다. 또난 거기서 얻은 긍정의 기운을 나의 팀원뿐만 아니라 내 가족, 지인과도 나눌 테다. 그야말로 성장만이 손짓하고 있는 게 느껴진다. 그러니 어찌 인생이 설레지 않을 수 있을까. 이 글을 쓰는 지금도 선명하게 그려지는 빛나는 미래 덕분에 흥분이 가라앉지 않는다.

끝으로 나의 장기 플랜 하나를 공개한다. 나는 본문에서 수차례 세일즈 프로스세스 7단계가 모든 업종에 접목할 수 있다고 언급했다. 그렇지만 사람은 본래 직접 눈으로 보지 않고, 해보지 않으면 신뢰하지 않는 법이다. 따라서 여전히 의심하며 나를 회의적으로 바라보는 이가 많다는 걸 안다. 그래서 직접 커뮤니티 플랫폼을 운영하려 한다. 일명, '세일즈 사관학교' 정도 되겠다. 여기서 나는 팀원들에게 했던 교육을 그대로 실시할 생각이다. 그렇게 배워서 실제 현장에서 적용해 본다면, 그 힘을 인정할 수밖에 없다고 확신한다. 이에 따라 욕심을 내본다. 부디 당신도 함께하기를. 변화는 오로지 자신이, 자신에게만 줄 수 있는 선물이니까. 내가 할 수 있는 건 그저 권유뿐이다. 이제 당신의 선택만 남았다.

편집후기
당신이 마이티피플이 되길 바라며

이미 완성된 초고가 있었지만, 나는 과감하게 작가에게 처음부터 다시 쓰자고 제안했다. 모두 가독성과 몰입감을 위해서였다. 또 이미 포화 상태인 자기계발서 시장에서 누구나 알고 있는 이야기를 단지 표현만 바꾸어서 책을 낸다는 건, 독자에 대한 예의가 아니라고 생각했다. 그래서 더욱 고민했고, 더욱 신중할 수밖에 없었다. 이 모든 선택을 너그러이 이해해 주고, 묵묵히 기다려준 작가에게 다시 한번 깊이 고마운 마음을 전한다.

본문에서도 여러 차례 언급했지만, '세일즈 프로세스 7단계'와 'K.A.S.H'는 이미 다양한 현장에서 교육 자료로 활용되고 있다.

그렇기에 이번 책에서는 이론 하나하나를 풀이하는 데 시간을 할애하기보다는, 이 시스템이 실전에서 어떻게 도움이 될 수 있는지, 그리고 이를 움직이게 하는 사람에게는 어떤 내면의 힘이 필요한가를 담으려 했다. 간만에 참 뜻깊고 보람 있는 작업이었다.

한편, 나는 작가가 나눈 내용들을 그럴싸한 개념에만 머무르지 않기 위해, 현장에 직접 적용해 보기도 했다. 책이 출간되기 직전, 예비 저자들을 대상으로 세일즈 프로세스 7단계를 글쓰기에 접목한 미니 특강을 진행한 게 그 시도다. 그런데 기대 이상으로 큰 반응을 얻었다. 작가의 말대로 단순한 이론이 아니라 누구에게나 적용 가능한 실질적인 도구임을 확인한 순간이었다.

이 편집후기를 쓰고 있는 나의 어깨가 쉴 새 없이 들썩이고 있다. 책의 출간을 앞둔 설렘 때문만은 아니다. 그보다 이제 첫발을 내디뎠다는 사실에 떨려오는 감정이 더 크다. 더불어 처음으로 '마이티피플'을 만나, 첫 책을 세상에 내보내는 경험만으로도 이미 한 뼘 더 자란 듯하다.

그러나 이제 시작일 뿐이다. 아직 만나야 할 마이티피플이 무수히 남아 있다. 그리고 그 여정에서 나도, 우리도 함께 성장하리라는 믿음이 있다. 그래서 꿈꿔본다. 다음에 내가 만나게 될 마이티피플이 지금 이 글을 읽고 있는 당신이기를. 그 순간이 온다면 진심으로 우리 모두에게 경이로운 일이 될 테니까.